Luiz Carlos Mariano da Rosa

I0099888

Hobbes, Locke e Rousseau: Do direito natural burguês e a instituição da soberania estatal à vontade geral e o exercício da soberania popular

Politikón Zôon Publicações

Pelikán Zoon Publicações

Luiz Carlos Mariano da Rosa

Hobbes, Locke e Rousseau: Do direito natural burguês e a instituição da soberania estatal à vontade geral e o exercício da soberania popular

Politikón Zôon Publicações

2017

Politikón Zôon Publicações
1ª edição
Julho de 2017

Capa: Vick Rô [reprodução digital de *Déclaration des droits de l'homme et du citoyen, datée du 10 août 1793, Centre Historique des Archives Nationales, Paris, França*]

Dados Internacionais de Catalogação na Publicação (CIP)
Politikón Zôon Publicações

R7881h	Rosa, Luiz Carlos Mariano da, 1966– Hobbes, Locke e Rousseau: do direito natural burguês e a instituição da soberania estatal à vontade geral e o exercício da soberania popular. – São Paulo: Politikón Zôon Publicações, 2017.

Inclui bibliografia
ISBN 978-85-68078-05-1

1. Política–Filosofia. 2. Hobbes, Thomas, 1588–1679–Crítica e interpretação. 3. Locke, John, 1632–1704–Crítica e interpretação. 4. Rousseau, Jean–Jacques, 1712–1778–Crítica e interpretação. I. Título.

CDD – 320.1
–

32

Índice para catálogo sistemático:
1. Política – Filosofia 320.1

Politikón Zôon Publicações
Caixa Postal 436, Centro, São Paulo, CEP: 01031–970, Brasil

Ao *Deus-Homem* Jesus Cristo.
À minha família:
Val (*in memoriam*),
Nísia e Victoria.
Ao meu pai José Mariano da Rosa (*in memoriam*)
E à minha mãe, Maria de Lurdes.

Se quisermos saber no que consiste, precisamente, o maior de todos os bens, qual deva ser a finalidade de todos os sistemas de legislação, verificar-se-á que se resume nestes dois objetivos principais: a liberdade e a igualdade. A liberdade, porque qualquer dependência particular corresponde a outro tanto de força tomada ao corpo do Estado, e a igualdade, porque a liberdade não pode subsistir sem ela. [Rousseau]

SUMÁRIO

Websites & social links do autor [221]

PREFÁCIO

Concebendo o estado de natureza como a condição que encerra o embate envolvendo os diversos interesses que se intersectam ao acaso em um espaço não polarizado, a psicologia mecanicista hobbesiana, como mostra o Capítulo 1, impõe à ação humana o impulso determinante do interesse, convergindo para caracterizar que o confronto interindividual consiste nessa colisão, que se constitui um fenômeno tão necessário como a gravitação, à medida que se a projeção de um corpo acarreta o desenvolvimento de modo indefinido do seu percurso, no âmbito do qual mantém a conservação do seu movimento, correspondentemente os indivíduos, submetidos ao estímulo em questão, prosseguem indeterminadamente a sua luta, que envolve a obtenção de um objeto que, sob a égide do impulso do desejo, não implica senão um caminho que guarda possibilidade acerca da conquista de outra coisa em um processo que tende a assegurar, em suma, uma vida plenamente satisfeita.

Nesta perspectiva, se em função da luta interindividual que o movimento determinado pelos interesses particulares produz as energias que emergem das forças individuais tendem à dispersão, anulando-se, o que se impõe como necessário é a criação de um mecanismo capaz de empreender a sua convergência, cuja condição não se concretiza senão através do Soberano, que corporifica todas as energias da nação e cumpre o encargo concernente à sua redistribuição racional, à medida que

> (é) nele que consiste a essência da república, a qual pode ser assim definida: *uma pessoa de cujos atos uma grande multidão, mediante pactos recíprocos uns com os outros, foi instituída por todos como autora, de modo que ela pode usar a força e os recursos de todos, da maneira que considerar conveniente, para assegurar a paz e a defesa comuns.*[1]

À essência do poder do Estado o que se impõe não é senão a onipotência do Soberano que resulta da soma envolvendo os poderes de todos os indivíduos, segundo a leitura hobbesiana que, contrapondo-se à qualquer tipo de

---

[1] Hobbes, 2003, p. 148, grifos do autor.

sociabilidade instintiva na origem das sociedades, atribui ao Estado a condição que implica uma criação humana, convergindo para caracterizar o Estado ou República como uma "pessoa artificial"[2], o "homem artificial", quer o poder político seja exercido por um homem (monarquia) ou por uma assembleia, constituindo-se o Soberano, nesta perspectiva, o delegado do conjunto dos sujeitos, não uma *pessoa transcendente*, à medida que o contrato de Hobbes consiste, em última instância, em uma delegação de poder, que se sobrepõe ao sentido que encerra um *pacto de submissão* (pacto com o *soberano*, no caso) e à acepção que se restringe a um *pacto de associação*, tendo em vista que se trata de um construto que traz o endosso de todos em função de um terceiro, perfazendo um sistema que

---

[2] "Uma pessoa é aquele *cujas palavras ou ações são consideradas quer como as suas próprias, quer como representando as palavras ou ações de outro homem, ou de qualquer outra coisa a que sejam atribuídas, seja verdade ou ficção.*

Quando são consideradas como as suas próprias, ele chama-se uma *pessoa natural.* Quando são consideradas como representando as palavras e ações de um outro, chama-se-lhe uma *pessoa fictícia* ou *artificial.*" (Hobbes, 2003, p. 138, grifos do autor)

15

pretende a legitimação da obediência através do fundamento da delegação da autoridade, ou seja, na representação.

> Considera-se que uma *república* tenha sido *instituída* quando uma *multidão* de homens concorda e *pactua*, cada um com *cada um dos outros*, que a qualquer *homem* ou *assembleia de homens* a quem seja atribuído pela maioria o *direito de representar* a pessoa de todos eles (ou seja, de ser o seu *representante*), todos sem exceção, tanto os que *votaram a favor dele* como os que *votaram contra ele*, deverão *autorizar* todos os atos e decisões desse homem ou assembleia de homens, tal como se *fossem* os seus próprios atos e decisões, a fim de viverem em paz uns com os outros e serem protegidos dos demais homens.[3]

Nesta perspectiva, a noção de soberania elaborada pela leitura de Hobbes guarda condição de exterioridade concernente ao Direito, se lhe sobrepondo, pois, em uma construção que encerra um poder absoluto, que supera as limitações determinadas pela teoria que atribui ao Estado

---

[3] Hobbes, 2003, p. 148-149, grifos do autor.

uma supremacia de caráter relativo[4], que se circunscreve às fronteiras do âmbito legal e se detém nos limites estabelecidos pelo Direito Divino, pelo Direito Natural e pelo Direito das Gentes, escapando, consequentemente, à condição que o princípio absolutista, que traz como base a noção que implica *"princeps legibus solutus est"*[5], confere à

---

[4] Alcança relevância, nesta perspectiva, a observação de que, a despeito de enfatizarem o caráter absoluto e indivisível do poder soberano, Jean Bodin, Charles Loyseau, Cardin Le Bret, os grandes legistas franceses do fim do século XVI e início do século XVII, "sentiam ainda muito fortemente a herança medieval que tinha colocado o direito acima do rei. Consequentemente, a onipotência legislativa do soberano se encontrava limitada não apenas pela lei divina e pela lei natural, mas também pelas leis fundamentais do reino, enquanto correlacionadas à coroa e a ela indissoluvelmente unidas." (Bobbio; Matteucci; Pasquino, 1998, p. 1182)

[5] Significando "O Príncipe não é sujeito às leis" ou "O Príncipe está isento da Lei", esta máxima de Domício Ulpiano (170-224), famoso jurisconsulto clássico romano, compõe com *"Quod principi placuit, legis habet vigorem"* ("O que apraz ao Príncipe vigora como lei" ou "O que agrada ao Príncipe tem força de lei") a síntese do poder e da autoridade que caracterizam o Absolutismo, tornando-se necessário esclarecer que, "na verdade, a redução, válida, embora elementar, do princípio de fundo do Absolutismo à fórmula *legibus solutus*, referida ao príncipe, implica autonomia apenas de qualquer limite legal externo, inclusive das normas postas pela lei natural ou pela lei divina; e também, a maior

autoridade em questão, que se torna, dessa forma, ilimitada e onipotente.

Se o consentimento que converge para a instituição do contrato advém coercitivamente, segundo a perspectiva hobbesiana, demandando a instauração de uma autoridade política cujo exercício guarda condição de exterioridade em relação ao corpo social[6], perfazendo uma delegação de poder que, resultando da renúncia dos direitos ilimitados dos indivíduos a favor do Estado, encerra um caráter absoluto, à medida que implica uma autorização que se lhe é outorgada mediante o referido acordo que, atribuindo ao Soberano a *função representativa*, se lhe legitima a obediência do conjunto dos sujeitos no âmbito do sistema sócio-político-jurídico, a teoria política rousseauniana, que se lhe

---

parte das vezes, das 'leis fundamentais' do reino." (Bobbio; Matteucci; Pasquino, 1998, p. 2)

[6] Tendo em vista que o que se impõe ao pacto, guardando-o da possibilidade de convergir para a nulidade, é "um poder comum situado acima dos contratantes, com direito e força suficiente para impor o seu cumprimento". (Hobbes, 2003, p. 118)

contrapõe, mantém o pacto sob a égide que envolve um ato necessário, que consiste em um produto das leis naturais em sua determinação na situação-limite da contradição, a saber, no âmbito da generalização da guerra, que acarreta a consciência da impotência total diante da realidade e requer a superação do estado de natureza e da possibilidade de supressão dos seres humanos através de um processo que abrange uma transformação do desejo que traz como efeito a universalidade que cabe à Vontade Geral que, configurando-se como o princípio da autopreservação do povo enquanto tal, no sentido de um corpo coletivo e moral que emerge como a única fonte do poder e seu único detentor, não se impõe senão como condição para o exercício da soberania popular.

Atribuindo à experiência percepcional que se impõe à sensação a condição de fundamento do processo de construção do conhecimento, a teoria psicoepistemológica de Locke, conforme assinala o Capítulo 2, implica o estabelecimento de uma relação que mantém sob a égide da subordinação a reflexão, cuja atividade implica a constituição da identidade pessoal e encerra em suas fronteiras a emergência da consciência e do seu estado de permanência como sede do eu moral do indivíduo.

A perspectiva empirista que caracteriza a construção epistemológica de Locke, que mantém o *universal* sob a condição de ideias gerais, cuja existência se circunscreve à mente e não guarda correspondência com a realidade, não converge senão para as fronteiras que encerram a preeminência que o seu sistema filosófico-político atribui ao indivíduo e ao que é *particular*. Concordando com a perspectiva de Hobbes, a leitura antropológico-filosófica que caracteriza a construção sociopolítica de Locke traz como fundamento a existência de indivíduos ontologicamente isolados em um processo que implica a sociabilidade como uma possibilidade cuja realização não guarda correspondência senão com o exercício da sua liberdade nas fronteiras que encerram a racionalidade e as suas obrigações.

Divergindo da leitura de Hobbes e da interpretação de Rousseau acerca da existência dos homens no estado de natureza, cuja perspectiva concebe a sua condição como uma ficção teórica[7], Locke a mantém sob a acepção de uma *realidade histórica concreta* [8] caracterizada pela perfeita igualdade e absoluta *liberdade*, à medida que, baseada no direito natural[9], encerra uma situação que possibilita ao

---

[7] Se, sobrepondo-se ao caráter histórico, o estado de natureza, segundo Hobbes, emergindo das fronteiras das paixões, consiste em uma hipótese lógica, a concepção de Rousseau atribui ao estado de natureza um caráter hipotético e a condição de um postulado teórico que se impõe como o oposto "dialético" do estado social, convergindo para determinar a medida da sua "evolução" histórica.

[8] Alcança relevância a perspectiva de Goldwin que, não circunscrevendo o estado de natureza de Locke à condição pré-política do homem, defende que tal condição tem uma amplitude que se sobrepõe à descrição da sua existência em um estágio anterior à instauração da sociedade civil, consistindo em uma "forma de relação humana; sua existência, quando existe, não tem nada a ver com o grau de experiência política dos homens que estão nele; e pode existir em qualquer época da história da humanidade, inclusive no presente", concluindo que, "na América, um europeu (como o suíço mencionado por Locke), embora seja um homem político, encontra-se no estado de natureza." (Goldwin, 1993, p. 453-454)

[9] Consistindo em um Direito não escrito, o direito natural (ou

indivíduo dispor de si mesmo e de suas posses segundo a determinação da sua vontade, não havendo necessidade de obter autorização ou permissão, senão em si próprio, para a concretização das suas ações.

Nesta perspectiva, ao estado de natureza, como condição de existência dos indivíduos que guarda anterioridade à instituição da sociedade política, o que se impõe, de acordo com o pensamento de Locke, é uma lei natural ou lei *divina*, que caracteriza a ordem natural das coisas e emerge como inata à natureza humana, tal como a ideia de Deus, tornando-se acessível ao conhecimento através da experiência.

Se, envolvendo os indivíduos sob a égide da igualdade (*igualdade do valor moral*) e da liberdade, cujo

---

jusnaturalismo) guarda anterioridade em relação a toda norma jurídica positiva, caracterizando-se pela existência de um conteúdo instituído pela natureza que, encerrando princípios e critérios eternos e imutáveis, tem validade por si mesmo, convergindo, em última instância, para uma classificação que implica o jusnaturalismo clássico aristotélico-tomista, que corresponde a uma teoria dos direitos naturais sociais, e o jusnaturalismo antropológico ou racionalista (Hobbes, Locke e Rousseau), que envolve uma teoria dos direitos naturais individuais.

exercício implica a necessidade da lei, as condições da coexistência regular, coerente, conforme a concepção que Locke se lhes atribui, convergem para a instauração de uma lei positiva e de um poder judicial caracterizado pela imparcialidade e pela competência, além de uma autoridade capaz de impor respeito à lei, a união dos homens através do contrato encerra a possibilidade de assegurar, em última instância, a sua propriedade[10]. Tal conceito, contemplando, segundo Locke, uma noção que encerra a vida, a liberdade e a fortuna dos indivíduos, a saber, tudo aquilo que emerge como próprio a cada um deles, assinala que a finalidade da organização da sociedade

---

[10] "A razão por que os homens entram em sociedade é a preservação de sua propriedade; e o fim a que se propõem quando escolhem e autorizam um legislativo é que haja leis e regulamentos estabelecidos, que sirvam de proteção e defesa para as propriedades de todos os membros da sociedade, para limitar o poder e moderar a dominação de cada parte e de cada membro da sociedade" (Locke, 2001, XIX, § 222, p. 218). A teoria de Locke contrapõe-se à perspectiva hobbesiana, que atribui à propriedade a condição de uma concessão do soberano, tendo em vista que é a instituição do poder comum que viabiliza a sua emergência como tal, o que implica a impossibilidade de que se constitua um direito absoluto do indivíduo concernente ao Estado.

política e da constituição do poder não é senão a institucionalização da propriedade.

Nesta perspectiva, pois, a organização do poder político converge para a separação dos poderes executivo e legislativo em uma estrutura que encerra o poder federativo e mantém o poder judiciário sujeito à esfera do poder legislativo e confere a este a supremacia no Estado, tendo em vista que consiste na emanação da vontade do povo, de acordo com Locke, cuja teoria converge para a constituição de um povo livre, que guarda a prerrogativa de eleger os seus representantes e destituí-los de seus cargos em face do não cumprimento da função que se lhes compete. Detentor de toda a soberania, o povo possui o direito de *insurreição* em um sistema que implica a autonomia da sociedade civil em relação ao governo civil, à medida que, contrapondo-se à perspectiva hobbesiana, que defende que a sua instituição demanda a alienação de todos os direitos do indivíduo, o sistema filosófico-político de Locke, trazendo o livre consentimento como origem do contrato, propõe uma transição do estado de natureza para o estado civil que encerra a capacidade de garantir o exercício dos direitos naturais através da instauração das leis positivas ou civis[11].

Permanecendo sob a égide da sociedade em um processo que envolve o consentimento da *maioria* e implica a defesa da vida, da liberdade e dos bens dos membros do corpo político, a promulgação das leis, a sua regulamentação, pois, não guarda correspondência com a eliminação da liberdade senão com a possibilidade de se lhe atribuir racionalidade. Tendo como fundamento a concepção de que sem leis não há liberdade, o *direito*

---

[11] A teoria do consentimento, a teoria da confiança, a teoria da propriedade – eis as noções que se correlacionam na construção do pensamento político de Locke, que converge para uma síntese que implica "uma explicação do que torna os governos legítimos, em primeiro lugar (a teoria do consentimento), e de como, em segundo lugar, súditos e governantes devem interpretar suas relações recíprocas (a teoria da confiança); depois, uma explicação de como os seres humanos podem ter direitos a possuir bens econômicos e a extensão e os limites desse direito (a teoria da propriedade); em seguida, uma explicação das similaridades e diferenças entre diversos tipos de autoridade humana e, acima de tudo, das diferenças entre a autoridade numa família e num Estado." (Dunn, 2003, p. 45-46)

converge, segundo a teoria de Locke, para as fronteiras que encerram a necessidade de conservação e desenvolvimento da liberdade.

Baseado na dicotomia envolvendo estado de natureza e estado civil por meio de uma relação de oposição e complementariedade que funciona como um instrumento teórico que converge para a investigação da verdadeira natureza do homem, a teoria de Rousseau, objeto de pesquisa do Capítulo 3, estabelece comparação entre ambas as condições de existência em um processo metódico que visa resgatar o ser original a partir da supressão de todos os atributos e disposições incorporados através das relações interindividuais e que, em função do caráter destas, a despeito das capacidades adquiridas e do desenvolvimento que as implica, configuram o ser submetido à desnaturação produzida pela *perfectibilidade*, cuja faculdade, detendo a possibilidade de vir a ser, encerra um movimento de atualização instaurado sob o efeito das circunstâncias que dirige o seu aperfeiçoamento em um sentido que não guarda necessariamente correspondência com o progresso moral mas envolve a noção que tende a torná-lo melhor ou pior.

Nessa perspectiva, que atribui ao homem uma condição que converge para as fronteiras da animalidade, à medida que sobrepõe os instintos à razão em uma criatura que emerge como independente, separada e autossuficiente que, em estado de dispersão, ignora o trabalho, Rousseau pressupõe um conjunto de dados e elementos que se impõem à reconstituição da origem através de uma ficção teórica baseada em uma espécie de evidência interior que guarda raízes nas fronteiras da nostalgia da inocência e implica a consideração da bondade natural como uma disposição psicológica que inter-relaciona dois sentimentos que guardam oposição e complementariedade, a saber, o *amor de si*, que visa a sua própria conservação, e a piedade ou "compaixão", que advém do *amor de si* por meio da identificação do ser no que tange a todos os demais seres que participam da vida e do sofrimento como fenômenos

27

de intersecção da existência que, em seu estágio primitivo, não se caracteriza senão por uma liberdade cujos limites circunscrevem-se às suas próprias forças.

Convergindo para a emergência de uma inteligência instrumental, ao processo de perfectibilidade, que possibilita o desenvolvimento de virtudes e faculdades que em condição de potência o homem detém no estado de natureza, impõe-se o trabalho como condição *sine qua non* da sua conservação, que converge para as fronteiras que encerram a necessidade que encerra a previsão e a manutenção do conhecimento adquirido na memória em uma operação dialética que resulta no fenômeno da conscientização da sua dimensão temporal e a sua introdução no âmbito historial. Ao paradoxo que caracteriza a relação que envolve o aperfeiçoamento da razão humana e a deterioração da espécie o que se impõe é o processo de socialização que, sobrepondo-se à sociedade em si, implica um ato - o ato de associar-se - que converge para a depravação e a perversão em um movimento que guarda correspondência com as disposições e atitudes individuais e traz como fundamento a instituição de formas de relacionamento social que contribuem para o incremento da degenerescência, à medida que no estado civil o parecer se sobrepõe ao ser e o amor-próprio, sentimento factício que emerge na sociedade, tem primazia no que concerne ao amor de si, haja vista que, tendo como fundamento a propriedade privada, a sociedade civil consiste em uma organização baseada na divisão do trabalho e na sua crescente intensificação, à medida que houve a multiplicação e a diversificação das necessidades humanas, que sobrepõe a dependência recíproca dos indivíduos socializados à independência humana na condição natural e gera um ambiente de conflitos e rivalidades, oposição de interesses e incessante concorrência.

Se esta descrição corresponde ao pacto que se detém nas fronteiras do *ser* e funda uma sociedade injusta, baseada no pressuposto de que tal ordem, em qualquer sentido, é melhor do que a anarquia, Rousseau estabelece um contrato que, sob o sentido normativo do *dever ser*, carrega a proposta de uma formação social capaz de encerrar a coexistência em sua constitutividade fundamental da liberdade e da igualdade em um processo que assinala a impossibilidade de dedução da experiência de uma construção que se circunscreve às fronteiras do racional, contrapondo-se ao realismo político em face da necessidade da busca da legitimidade da ordem política, tornando-se a constituição do povo como um corpo coletivo e moral a solução da questão da conciliação envolvendo liberdade e igualdade em um sistema que implica a Vontade Geral e a sua emergência como condição para o exercício da soberania popular.

CAPÍTULO 1[12]

A RENÚNCIA DOS DIREITOS ILIMITADOS DO INDIVÍDUO E A SOBERANIA ESTATAL NO CONTRATO HOBBESIANO

Circunscrevendo a possibilidade do conhecimento ao corpo enquanto aquilo que guarda capacidade de ocupar um determinado espaço e possuir uma certa grandeza e uma forma definida, o materialismo de Hobbes converge para uma extrema radicalidade à medida que atribui a toda a substância uma condição corpórea em uma construção que tende a organizar a realidade por intermédio de um

---

[12] O referido capítulo é constituído por trechos que integram o conteúdo do artigo intitulado A soberania entre a renúncia dos direitos ilimitados do contrato hobbesiano e a "alienação verdadeira" do pacto rousseauniano, publicado pela **Revista Filosofia Capital - RFC**, ISSN 1982-6613, v. 11, n. 18, p. 43-61, jan./dez. 2016, Brasília - DF, Brasil, pela **Revista de Ciências Humanas - Educação e Desenvolvimento Humano / UNITAU**, ISSN 2179-1120, v. 9, n. 1, ed. 16, p. 115-130, jun. 2016, Taubaté - SP, Brasil, e pela **Akrópolis - Revista de Ciências Humanas da UNIPAR,** ISSN 1982-1093, v. 24, n. 1, p. 71-84, jan./jun. 2016, Umuarama - PR, Brasil.

sistema de corpos em movimento e da sua ação recíproca, o que implica, em suma, um empirismo, cujo caráter envolve a noção que exclui as coisas abstratas e universais e se detém nas substâncias singulares em um processo que encerra como particulares as representações.

Se a experiência resulta de um processo que envolve a manifestação de sensações caracterizadas pela descontinuidade, à linguagem cabe realizar a fixação e a ordenação que demanda a construção da realidade em um sistema cuja disposição implica um conjunto de signos arbitrários e um jogo de denominações justas, ou seja, *palavras* e *razão*: aquelas guardando a capacidade de designar uma multiplicidade de coisas particulares; a última possibilitando o exercício do cálculo em relação às primeiras. Tal empirismo nominalista, cujo fundamento circunscreve-se à identificação e à distinção da existência dos indivíduos, converge para uma teoria política baseada no individualismo e tem uma lógica que, envolvendo o nominalismo e o artificialismo, encerra a correspondência entre os pressupostos epistemológicos de Hobbes e a instituição da ordem política.

Baseado em um viés antropológico que caracteriza o homem como um conjunto de desejos e apetites que converge para as fronteiras que correlacionam o desejo de reconhecimento e o desejo de conservação como duas paixões opostas que implicam uma situação de risco constante que traz como ápice o medo da morte (violenta) que, como expressão do desejo de autopreservação, configura a única possibilidade de controle em relação ao apetite desenfreado pela glória e aquisição de poder, Hobbes elabora um hipotético estado de natureza que, encerrando uma situação na qual "o homem é um lobo para o outro homem" (*homo homini lupus*) em um contexto que envolve "a guerra de todos contra todos" (*bellum omnium contra omnes*), converge para a necessidade acerca do estabelecimento da paz como condição *sine qua non* para a conservação da vida, o que impõe a fundação do Estado e da sociedade civil por intermédio do contrato que demanda a renúncia dos direitos ilimitados dos indivíduos e instaura a autoridade política, o poder absoluto e a soberania estatal.

Medo da morte violenta e autopreservação, eis a correlação que entre paixão e desejo converge para a necessidade envolvendo a procura e a manutenção da paz, cuja lei de natureza não guarda possibilidade de produzir senão, sob a acepção de lei de razão, a noção que implica uma mútua transferência de direitos envolvendo os indivíduos que institui o Estado e a sociedade civil em uma construção artificial que encerra um poder absoluto que, por esse motivo, tem capacidade de se impor à natureza humana e estabelecer limites à sua manifestação, conduta e comportamento por intermédio do direito positivo, expressão da soberania estatal, do sistema jurídico, enfim, que traz como fundamento o direito natural e as suas leis.

Constituída através da mútua transferência de direitos concretizada interindividualmente em um processo que implica a criação da *persona civilis*, convergindo para a fundação do Estado e da sociedade civil, a vontade soberana assegura a possibilidade de instauração de um movimento de racionalização da vontade humana, à medida que se lhe impõe a necessidade de corresponder aos limites da referida instituição em uma construção baseada na compatibilidade entre medo e liberdade, haja vista que o risco de punição à infração envolvido no sistema que objetiva o controle da conduta e do comportamento dos sujeitos não subtrai destes a capacidade de agir, seja obedecendo às suas determinações ou não, à medida que, tanto quanto a obediência, a recusa é permitida, cabendo ao agente, em última instância, usar a condição que encerra tal *liberdade* para levar a efeito ou não uma prática.

I PARTE

DA ANTROPOLOGIA HOBBESIANA E O MATERIALISMO MECANICISTA: A RENÚNCIA DOS DIREITOS ILIMITADOS DO INDIVÍDUO E A SOBERANIA ESTATAL

Se a ciência política hobbesiana dialoga com uma perspectiva antropológica que converge para as fronteiras que encerram uma relação de correspondência que implica as causas tanto do comportamento humano quanto das sociedades e dois tipos de realidade psíquica, a saber, o comportamento do mundo evocado pelo homem e as suas paixões, o sistema para o qual tende não guarda raízes senão em um tipo de funcionamento de caráter puramente mecânico, que se sobrepõe a qualquer possibilidade de emergência concernente ao livre-arbítrio, tendo em vista a compatibilidade que estabelece entre a liberdade e a necessidade, assinalando que as ações advêm da vontade e se mantém, por esta razão, atrelada ao exercício da liberdade, não escapando, contudo, como todo desejo e inclinação, a uma causa no âmbito de uma cadeia ininterrupta que traz Deus como origem e cuja condição, por esse motivo, se impõe em face da necessidade.

Nessa perspectiva, à realidade psíquica do desejo a leitura hobbesiana impõe a noção de *conatus*[13], que designa o "movimento vital" que emerge como desejo de durar e como poder de agir, consistindo o homem, na esfera do processo de amadurecimento que a dinâmica em questão encerra, em um conjunto de desejos e apetites, que implica a correlação de duas paixões opostas, a saber, o desejo de reconhecimento e o desejo de conservação, à medida que, respectivamente, caracterizam a manifestação do orgulho e da vaidade, que tendem à aspiração e à glória, cuja

---

[13] "Hobbes usou o termo *conatus* principalmente em sentido mecânico. Em *De corpore*, o *conatus* é apresentado como um movimento determinado pelo espaço e pelo tempo, e mensurável numericamente. Em *De homine*, aparece como um movimento voluntário ou 'paixão' que precede a ação corporal e que, embora 'interno', possui determinações e propriedades mecanicamente exprimíveis." (Mora, 2004, p. 518)

condição acarreta uma situação de risco constante em face do conflito instaurado em nome dessa satisfação, e o medo da morte (violenta), que em função disso advém, e que perfaz a única possibilidade de atenuação concernente ao desenfreamento do desejo de cada vez mais adquirir poder[14].

Se não guarda possibilidade de se sobrepor às leis da natureza, longe de interromper a luta em questão, que envolve os indivíduos e os seus interesses particulares em face da ação que, sob a égide determinante do impulso destes, se lhes cabe levar a efeito através do movimento incessante que implica a sua satisfação, o que se impõe ao contrato é a sua transformação, à medida que, não se circunscrevendo ao referido estímulo, o homem detém a possibilidade para a qual converge a razão, sob a acepção de

---

[14] "Assinalo assim, em primeiro lugar, como tendência geral de todos os homens, um perpétuo e irrequieto desejo de poder e mais poder, que cessa apenas com a morte. E a causa disto nem sempre é que se espere um prazer mais intenso do que aquele que já se alcançou, ou que cada um não possa contentar-se com um poder moderado, mas o fato de não se poder garantir o poder e os meios para viver bem que atualmente se possuem sem adquirir mais ainda." (Hobbes, 2003, p. 85)

um jogo de denominações justas, que, em suma, se lhe confere a capacidade de cálculo, tendo em vista que se *voltar atrás* do ímpeto inicial é incogitável, se lhe compete a direção que em certa medida deve realizar, conforme supõe o domínio de um curso de água que, não se dispondo à interrupção do seu fluxo, não resiste ao controle da sua força que, através do seu desvio, permite a utilização dos seus recursos em benefício humano.

Nesta perspectiva, se o confronto inevitável que envolve as forças individuais encerra uma situação de risco permanente que converge para uma angústia mortal, a revelação da morte que emerge do referido contexto produz a conscientização acerca da sua condição comum, implicando em uma ação de caráter racional, tendo em vista a possibilidade que carrega a razão quanto à antecipação dos perigos inerentes ao estado de natureza em um processo que demanda a substituição do "direito de natureza"[15] (direito do mais forte) pelo "direito natural" ou "lei natural", que traz como primeira e fundamental regra a procura e a manutenção da paz[16], instaurando dessa forma a ruptura diante do estado primitivo e instituindo um contrato que, baseado em um consentimento mútuo, designa a convenção por intermédio da qual os homens renunciam reciprocamente aos seus direitos naturais sobre todas as coisas e transferem o seu poder a um soberano (monarca ou assembleia, que pode ser aristocrática ou democrática), fundando o Estado e a sociedade civil.

---

[15] "O direito de natureza, a que os autores geralmente chamam *Jus Naturale*, é a liberdade que cada homem possui de usar o seu próprio poder, da maneira que quiser, para a preservação da sua própria natureza, ou seja, da sua vida; e consequentemente de fazer tudo aquilo que o seu próprio julgamento e razão lhe indiquem como meios mais adequados a esse fim." (Hobbes, 2003, p. 112)

[16] "A lei de natureza primeira, e fundamental, é que devemos procurar a paz, quando possa ser encontrada (...). E esta é a primeira lei, porque as demais dela derivam, e dirigem nossos caminhos quer para a paz, quer para a autodefesa. Uma das leis inferidas desta primeira e fundamental é a seguinte: que os homens não devem conservar o direito que têm, todos, a todas as coisas, e que alguns desses direitos devem ser transferidos ou renunciados." (Hobbes, 1998, p. 38-39)

À delegação da autoridade que emerge como fundamento da legitimação da obediência, característica do contrato hobbesiano, o que se impõe é a impossibilidade que envolve os sujeitos de exercerem a censura acerca de qualquer tipo de ação do Estado, à medida que esta tem como base a prévia autorização dos membros do corpo coletivo social ora constituído, convergindo para uma soberania que, resultando da renúncia dos direitos ilimitados dos indivíduos a favor da sua instituição, encerra uma condição necessariamente absoluta, tendo em vista o Estado consistir na *única fonte da lei*, determinando o justo e o injusto em um processo que torna os seus atos indiscutíveis, com cuja finalidade guarda correspondência a sua capacidade de assegurar a ordem, garantindo a proteção e a segurança de todos, pois como detentor do poder coletivo o que se lhe cabe é a direção das suas ações em face do bem comum e o respeito aos indivíduos, aos cidadãos que, se lhe delegando todos os seus direitos e poderes, "personifica", cumprindo a *função representativa* se lhe conferida por todos que o fizeram o seu representante e a sua autoridade soberana.

Nesta perspectiva, atribuindo ao homem desde o instinto de posse até o desejo de acumulação, a teoria hobbesiana da formação da sociedade e da instituição da autoridade política, trazendo como fundamento um "estado de natureza" que se lhe antecede, defende um individualismo que se caracteriza como possessivo, demandando uma organização capaz de assegurar a realização dos interesses particulares, o que implica em direitos que envolvem desde a conservação (segurança pessoal) até a propriedade, à medida que em virtude da sua instabilidade a condição natural não guarda possibilidade de garantir, tendo em vista que converge para as fronteiras que encerram *homo homini lupus* e *bellum omnium contra omnes* em face do caos instaurado pelo extremo egoísmo e pelas disputas incessantes[17].

---

[17] Convém esclarecer que, longe de atribuir aos homens uma tendência natural no sentido de praticar o mal entre si, contrapondo-se uns aos

Estabelecendo um compromisso envolvendo a lei e o direito, o objetivo e o subjetivo, o contrato, guardando a pretensão de instituir o *status* jurídico do indivíduo como tal, consiste na busca de um equilíbrio entre o indivíduo e a coletividade, convergindo para medir a limitação dos direitos subjetivos infinitos, cuja condição não corresponde senão à necessidade que caracteriza o estado social, à medida que, dessa forma, enumera os direitos subsistentes do cidadão em um processo que não implica nenhum tipo de "alienação" propriamente dita, tendo em vista que a abdicação de um direito infinito que a instituição da ordem cívica requer se circunscreve ao campo teórico através de uma relação que assegura, em compensação, direitos reais,

---

outros em um processo que tende a justificar a oposição em si, Hobbes assinala a autoconservação e a possibilidade de sua ameaça como fatores que convergem para a condição de instabilidade do estado de natureza: "Os homens, segundo Hobbes, não querem fazer dano a outros homens ou prejudicá-los *por prejudicá-los*; eles querem ter poder sobre eles, é verdade, mas apenas para garantir a sua própria preservação." ("Men, on Hobbes's account, do not want to harm other men *for the sake of harming them*; they wish for power over them, it is true, but power only to secure their own preservation.") (Tuck, 2002, p. 65, grifos do autor)

possibilitando, em última instância, a contratação destes para si próprio.

II PARTE

DO EMPIRISMO NOMINALISTA
E A ESTATALIDADE DO DIREITO

Se ao materialismo[18] hobbesiano o que se impõe não é senão a concepção que assinala a experiência como origem de todo o conhecimento (a saber, um empirismo), à medida que este consiste no efeito cuja manifestação corresponde à ação das coisas que se mantém sob condição de exterioridade e se caracteriza como resultado da propagação dos embates corpóreos sobre o homem em um processo que, tendo o corpo como causa das sensações, encerra a sensibilização dos órgãos sensoriais, a representação, circunscrevendo-se ao movimento da

---

[18] Caracterizando a noção de matéria sob a acepção que a encerra, no que tange à possibilidade de explicação dos fenômenos, como o único instrumento que se lhe emerge como disponível e capaz, à leitura hobbesiana o que se impõe é o *materialismo metodológico*, à medida que converge para as fronteiras que encerram a noção que inter-relaciona o conhecimento de algo à descoberta de sua *gênese*, que não consiste senão em *movimento*, que implica, por sua vez, em *corpo*.

47

própria coisa que se lhe está atrelada, converge para as fronteiras que reduzem ao viés particular o fenômeno em questão, o que implica em um *empirismo nominalista*, que perfaz um sistema que traz como fundamento os indivíduos, ao reconhecimento de cuja existência se limita, justificando, dessa forma, a teoria política baseada no individualismo, que guarda raízes nos indivíduos e no próprio movimento vital que os determina, e tem uma lógica que encerra a correspondência entre o *nominalismo*[19] do conhecimento e o *artificialismo* na ordem política.

Caracterizando toda a *substância* como corpórea[20], a leitura hobbesiana se contrapõe ao dualismo que converge

---

[19] Doutrina que caracteriza o pensamento que defende a existência das substâncias singulares e dos nomes puros somente, o que implica a eliminação da realidade das coisas abstratas e universais, segundo a definição de Leibniz, que atribui à perspectiva hobbesiana a referida condição.

[20] Atribuindo ao corpo a condição que o encerra sob a acepção que envolve o único objeto que emerge como *possível* concernente ao conhecimento, a leitura de Hobbes distingue a filosofia *natural*, à qual cabe investigar a natureza (corpo *natural*), e a filosofia *civil*, que traz a competência de estudar a sociedade (corpo *artificial*).

48

para as fronteiras que encerram a irredutibilidade da *substância pensante*, à medida que a uma "coisa que pensa" impõe o sentido que envolve uma "coisa corpórea", identificando, pois, o espírito como algo cuja noção se mantém atrelada às determinações que implicam grandeza e forma, guardando possibilidade de ocupar um espaço, afinal, perfazendo uma construção que tende a relacionar à ação recíproca dos corpos a constituição da totalidade da realidade, se lhe concedendo a sua razão de ser, haja vista a concepção que, dialogando com a teoria cartesiana, supõe, na composição de todo e qualquer corpo, corpúsculos homogêneos que detém extensão variável e formas geométricas que carregam diversos aspectos que exercem influência uns sobre outros, produzindo efeitos através de embates, choques e colisões que guardam correspondência com um conjunto de relações de causa e efeito de extremo rigor e leis quantitativas, consistindo, em última instância, em um *materialismo mecanicista* [21] que justifica o viés

---

[21] Trazendo como fundamento uma perspectiva do mundo que

antropológico corporificado pela interpretação do hipotético estado de natureza e pelo mecanismo de transição desta situação - representada pela condição que abrange *homo homini lupus*[22] (o homem é um lobo para o outro homem) e *bellum omnium contra omnes*[23] (a guerra de todos contra todos) - para a sociedade civil na instauração da autoridade política "personificada" pelo Estado e pelo seu poder soberano.

---

converge para um sistema de corpos em movimento, o mecanicismo, que emerge como uma concepção filosófica através da construção hobbesiana, consiste em um pensamento que encerra a negação da causalidade do fim, que implica em atribuir a um fim seja a causa total da organização do mundo, seja a causa dos acontecimentos isolados (finalismo), e não se impõe senão pela afirmação da causalidade necessária atrelada a todos os fenômenos da natureza (determinismo).

[22] "Portanto, tudo aquilo que se infere de um tempo de guerra, em que *todo homem é inimigo de todo homem*, infere-se também do tempo durante o qual os homens vivem sem outra segurança senão a que lhes pode ser oferecida pela sua própria força e pela sua própria invenção." (Hobbes, 2003, p. 109, grifos meus)

[23] "(...) durante o tempo em que os homens vivem sem um poder comum capaz de mantê-los todos em temor respeitoso, eles se encontram naquela condição a que se chama guerra; e uma *guerra que é de todos os homens contra todos os homens*." (Hobbes, 2003, p. 109, grifos meus)

Se as relações envolvendo o homem e a natureza, sobrepondo-se às fronteiras do campo teórico, implicam relações objetivas, técnicas ou circunscritas ao trabalho, convergindo para a construção de um sistema de direito, o que se impõe à leitura hobbesiana é um processo que assinala, no que concerne à ordem da matéria, a desconexão do "fato humano", que alcança autonomia e perfaz um contexto que encerra forte oposição abrangendo *natureza–cultura*, resultando no direito "natural" moderno que, trazendo como fundamento o acordo *hic et nunc*[24] de duas vontades, caracteriza-se como finalmente *positivo*, configurando-se, em última instância, como *subjetivo*, em face do seu fundamento, a pessoa, e do seu fim[25], e *analítico*, tendo em vista a composição do direito em geral, que se

---

[24] Expressão latina que guarda o significado de "aqui e agora".

[25] Que converge para as fronteiras que encerram a possibilidade de "substituir a idéia de *justo objetivo* (em relação à totalidade do mundo), ou da lei, pela idéia de '*direito*' (aferente à pessoa)." (Duvignaud, 1974, p. 106, grifos do autor)

51

mostra formado apenas pelo conjunto de tais contratos bilaterais[26].

Ao Estado o que se impõe, segundo a leitura hobbesiana, é um caráter ilimitado, o que implica seja na ordenação do Direito Positivo, seja na criação da própria justiça, convergindo para atribuir ao *jurídico*, instituído pelo Estado, a condição que o encerra, em última instância, sob a acepção de *todo o justo*, sobrepondo-se, dessa forma, à concepção que circunscreve o *jurídico* ao âmbito que envolve a expressão do *justo*, tendo em vista que o contrato, abrangendo os indivíduos enquanto súditos, emerge em

---

[26] Contrapondo-se ao direito natural que, segundo a leitura aristotélica, tem como base a inserção do "fato humano" em geral na *physis*, no sentido de princípio de homogeneidade do real, que compreende da física à política e guarda a atribuição de *objetivo* e *sintético,* à medida que contempla a justa distribuição dos seres e das coisas e engendra, sob o equilíbrio da referida égide, o mundo como uma totalidade fechada e coerente dos objetos ou essências, remetendo à pressuposição acerca da existência de uma harmonia na natureza, uma ordem que carrega a possibilidade de expressão através de leis matemáticas e abarca as relações sociais. (Rosa, 2013)

função da "pessoa artificial"[27] que, como encarnação do governo que se lhe resulta, não participa da referida contratação, constituindo-se, antes, um produto do pacto em um processo que, baseado no princípio absolutista, elimina qualquer tipo de restrição ao exercício da autoridade soberana que, por essa razão, não guarda senão onipotência[28].

---

[27] Do Estado como uma *persona civilis* cuja legitimidade guarda correspondência com o fato que implica a sua própria existência, eis o princípio fundamental que se impõe ao Direito Público que emerge da teoria política de Hobbes, tendo em vista que a referida noção encerra "a metáfora antropomórfica do Estado 'pessoa' ou 'homem artificial', ainda hoje dominante na doutrina juspublicista, à qual a soberania é associada como essência ou 'alma artificial' e, concomitantemente, como poder absoluto." (Ferrajoli, 2007, p. 19)

[28] "Todos submetem-se então, voluntariamente, à autoridade de um só homem ou de uma assembleia com a condição de que todos os outros o façam do mesmo modo. Nessa concepção, o soberano - pouco importa que seja um homem ou uma assembleia - recebe seu poder em virtude mesmo do pacto que os cidadãos concluíram entre eles. Ele mesmo não está ligado por nenhum compromisso em relação aos seus súditos, já que ele não fez um pacto com estes e nada lhes prometeu da sua parte. Além disso, ele dispõe de um poder absoluto sobre todos os membros do Estado." (Derathé, 2009, p. 308)

Tornando-se objetos da renúncia dos homens em favor do soberano mediante o pacto original, aos direitos naturais sobre todas as coisas e ao seu caráter absoluto o que se impõe senão a condição absoluta do ato em questão (a renúncia, no caso)[29], à medida que a transmissão que implica a instauração do contrato emerge como definitiva e irrevogável, perfazendo um compromisso assumido voluntariamente pelos indivíduos e entre eles no sentido de instituírem um poder capaz de assegurar a paz, convergindo a soma dos poderes de todos os sujeitos para constituí-lo como soberano, cujo absolutismo (sinônimo de eliminação total de restrições no exercício do poder) resulta da impossibilidade de qualquer tipo de divisão em seu

---

[29] "Diz-se que abre mão de seu direito quem a ele renuncia de *forma absoluta*, ou o transfere a outrem. Renuncia *absolutamente* a seu direito quem, por sinal suficiente ou símbolos adequados, manifesta a vontade de que deixe de ser lícito (*lawful*) ele fazer aquilo a que antes tinha direito. E transfere seu direito aquele que, por sinal suficiente ou símbolos adequados, declara a outro que é sua vontade que se torne ilícito ele resistir-lhe, naquilo em que antes poderia resistir." (Hobbes, 1998, p. 39, grifos meus)

exercício, o que o torna o único poder legislativo em um processo que encerra o Estado como fonte do Direito, que se lhe traduz, em última instância, a vontade[30].

Se a decisão acerca do justo e do injusto se circunscreve à lei, a sua inexistência, pois, converge para uma situação na qual não pode haver injustiça, segundo a leitura hobbesiana[31], que assinala a impossibilidade de que uma lei se contraponha ao Direito, embora possa se contrapor à *equidade*, conforme a definição que emerge dos princípios e preceitos racionais que compõem o conjunto

---

[30] "Porém, na coerência lógica desta construção de Hobbes, este poder soberano não é um poder arbitrário, na medida em que suas ordens não dependem de uma vontade, mas são imperativos produzidos por uma racionalidade técnica conforme as necessidades circunstanciais, são instrumentos necessários para que seja alcançado o máximo objetivo político, a paz social exigida para a utilidade de cada um dos indivíduos. Este absolutismo apresenta uma racionalidade peculiar: a da adequação ao objetivo." (Bobbio; Matteucci; Pasquino, 1998, p. 1183)

[31] "Onde não há poder comum não há lei, e onde não há lei não há injustiça." (Hobbes, 2003, p. 111)

designado como "leis de natureza"[32], o que implica, em última instância, a construção do "positivismo jurídico"[33], tendo em vista que, estabelecido pelo Estado, o Direito encerra uma validade que não depende de qualquer referência a valores éticos, se lhes sobrepondo.

Estabelecer como fundamento dos direitos atuais a noção que encerra um direito subjetivo naturalmente infinito, eis as fronteiras para as quais converge o contrato que, cumprindo uma função ideológica essencial, institui, no que concerne ao positivo, uma relação de dependência

---

[32] "Uma Lei de Natureza (Lex Naturalis) é um preceito ou regra geral, estabelecido pela razão, mediante o qual se proíbe a um homem fazer tudo o que possa destruir a sua vida ou privá-lo dos meios necessários para a preservar, ou omitir aquilo que pense melhor contribuir para a preservar." (Hobbes, 2003, p. 112)

[33] "Em sua definição inicial, o positivismo jurídico está associado na tradição inglesa aos escritos de Thomas Hobbes e, mais tarde, dos filósofos do direito do século XIX, Jeremy Bentham e John Austin. O positivismo desses pensadores consistia em definir a lei muito simplesmente como a ordem do soberano e, uma vez isolada essa única fonte ou oráculo do direito nacional, podiam sustentar que a tarefa ou província da jurisprudência era a determinação científica da linhagem e coerência lógica da ordem jurídica estabelecida." (Bottomore; Outhwaite, 1996, p. 596)

envolvendo a limitação dos direitos subjetivos do indivíduo, o que implica um processo no qual o arbitrário (o contratual) escapa aos referidos direitos em si mesmos, constituindo-se a convenção em questão, como um mecanismo de transição entre o estado de natureza e o estado social, um arcabouço que define, no tocante aos membros do corpo social e aos seus súditos, a *medida* daquilo que um cidadão concede aos demais como possibilidade do seu exercício, à medida que o que se impõe não é senão a construção da ordem final da vontade, que opõe a ordem humana à ordem natural, sob a acepção de ordem mecânica da matéria, em um sistema que relega a organização social e as suas modalidades à condição de um resultado da determinação *a priori* da correspondência aos direitos subjetivos (restritos) do homem como parte ativa (cidadão) da coletividade, perfazendo uma teoria que guarda raízes no horizonte dos interesses e das ambições econômicas e políticas dos contratantes.

III PARTE

O PODER ABSOLUTO E A FUNÇÃO REPRESENTATIVA DO ESTADO ENTRE A LIBERDADE E A IGUALDADE DOS INDIVÍDUOS

Baseado em um acordo recíproco estabelecido interindividualmente e que tem como objeto a renúncia do direito de autogoverno, à mútua transferência de direitos que converge para a instituição da sociedade civil impõe-se o direito fundamental e inalienável de preservação de si em uma construção que confere ao Estado a função de assegurar aos indivíduos o seu exercício, o que implica a encarnação do poder absoluto na *persona civilis* em uma relação que implica, em suma, a definição dos deveres a partir deste *fato moral*[34] e que se lhe atribui a competência

---

[34] "Se, então, a lei natural tem de ser deduzida do desejo de preservação de si, por outras palavras, se o desejo de preservação de si é a única raiz de toda a justiça e de toda a moral, então o facto moral fundamental não é um dever, mas um direito; todos os deveres derivam de um direito fundamental e inalienável de preservação de si." (Strauss, 2009, p. 156)

concernente ao dever e ao direito de execução das ações correspondentes às finalidades da sua existência, a saber, referentes à proteção e à segurança de todos, tendo em vista o bem comum e segundo a sua condição de detentor de todo o poder coletivo, à medida que encerra a autorização de agir como delegado do conjunto dos sujeitos, dos cidadãos que, dessa forma, cabe personificar[35].

Atribuindo anterioridade aos indivíduos concernente à sociedade e ao Estado, a teoria de Hobbes sobrepõe aos deveres os direitos naturais, tornando estes últimos o fundamento da organização político-social em um processo que, dessa forma, não pode escapar aos seus pressupostos na construção da soberania estatal por intermédio de um contrato que envolve a mútua transferência de direitos

---

[35] Recorrendo a Cícero e ao sentido que impõe à expressão *"Unus sustineo tres personas; mei, adversarii, etjudicis"*, que significa "Sou portador de três pessoas; eu mesmo, o meu adversário e o juiz", eis a explicação de Hobbes para o termo em questão: "E *personificar* é *atuar*, ou *representar* a si mesmo ou a outro; e daquele que representa outro diz-se que é portador da sua pessoa, ou que atua em seu nome." (Hobbes, 2003, p. 138, grifos do autor)

ilimitados e institui a delegação de poder, o que implica a autorização conferida pelo conjunto dos sujeitos ao *soberano* no sentido de possibilitar o exercício da autoridade máxima que a partir de então lhe compete através de atos que carregam previamente o endosso dos representados em uma relação que assinala a unificação das vontades individuais na constituição do representante e da vontade da *persona civilis*, a cuja condição, como detentor de um poder que não se dispõe senão como absoluto, impõe-se o dever de assegurar a ordem e determinar o justo e o injusto tendo em vista o bem comum.

A fundação da obrigação política nas fronteiras do princípio da soberania em uma relação baseada no dualismo envolvendo autoridade e súdito guarda correspondência com um processo que pressupõe que a delegação de poder realizada pela mútua transferência de direitos ilimitados dos indivíduos converge para atribuir à *persona civilis* ora instituída a condição de representante, detentora, portanto, de autorização para agir em nome dos cidadãos, constituindo um sistema que atrela a obediência destes a si próprios, em uma construção baseada no direito incondicional e absoluto de preservação de si que, como material originário, sobrepõe-se aos deveres em uma relação que traz estes como elementos que lhe são provenientes e que, por essa razão, não pode se lhe transpor no sentido de ameaçar a vida ou a liberdade dos sujeitos, mas antes detém a responsabilidade acerca da sua proteção e segurança e a competência de garantir a inexistência de obstáculos para os seus deslocamentos, o que imputa à sua teoria o *status* de paternidade ideológica do liberalismo, tornando improcedente a identificação do Estado de Hobbes com o Estado totalitário corporificado pelo despotismo ou pela tirania.

À mútua transferência de direitos ilimitados dos indivíduos, que converge para a construção da soberania estatal e do seu poder absoluto, impõe-se um processo que envolve, em última instância, a cessão do governo de si e, consequentemente, do direito que guarda correspondência com o direito de preservação de si e que implica os meios necessários para tal fim em uma construção que pressupõe que se no estado de natureza todos os recursos guardam a condição de justeza no tocante à sua utilização para a autoconservação humana o pacto que cria a *persona civilis* através da unificação das vontades individuais traz consigo a capacidade que possibilita a instituição da lei, a saber, a autoridade, que além de estabelecer o sistema de direitos e deveres mantém todos sob a sua determinação, haja vista que

> (...) em toda cidade perfeita, isto é, naquela em que nenhum cidadão tem o direito de utilizar suas faculdades, a seu arbítrio, para sua própria conservação – ou seja, onde está abolido o direito ao gládio privado – reside um poder supremo em alguém, o maior que os homens tenham direito a conferir: tão grande que nenhum mortal pode ter sobre si mesmo um maior. Esse poder é o que chamamos de absoluto, o maior que homens possam transferir a um homem. Pois se alguém submeteu sua vontade à vontade da cidade, de modo que esta possa, com todo o direito e sem risco de punição, fazer qualquer coisa – baixar leis, julgar controvérsias, fixar penalidades, utilizar a seu bel-

prazer a força e a riqueza dos homens –, com isso conferiu a esta o maior domínio que se possa conceder a uma pessoa.[36]

Defendendo a unicidade do poder como pressuposto da soberania e condição *sine qua non* para o seu exercício, a teoria de Hobbes fundamenta a legitimação da obediência na delegação da autoridade através de um contrato instituído pelos indivíduos entre si em função da necessidade de possibilitar a emergência da *persona civilis* cuja vontade implica a unificação das vontades de todos os que a partir de tal ato realizam a transferência dos seus direitos ilimitados em um processo que se lhe atribui a função representativa e a imposição de uma autoridade jurídico-política absoluta.

Trazendo em sua constituição uma multiplicidade de indivíduos, o Estado consiste em um corpo jurídico-político cuja vontade resulta da unificação das vontades individuais, que convergem para a construção do poder soberano por intermédio de um processo que implica a

---

[36] Hobbes, 1998, p. 108.

correlação envolvendo a *auctoritas* e a *potestas*, sobrepondo-se à possibilidade de emergência de qualquer tipo de organização capaz de exercer uma autoridade e um poder correspondentes, tendo em vista a necessidade da mútua transferência de direitos expressa no contrato – e que configura o produto de uma escolha baseada em um processo de deliberação e decisão racional – instituir o fundamento jurídico da obediência, legitimando-a.

Nessa perspectiva, se a igualdade natural, baseada na força e no poder natural, emerge como a condição que guarda correspondência com a equivalência da aptidão dos indivíduos em relação à possibilidade de levarem a efeito entre si ações correspondentes em um processo que traz em seu auge a capacidade de matar, a desigualdade econômica, política e socioetnicorracial converge para as fronteiras que encerram o consentimento mútuo dos indivíduos através de um ato jurídico que, pressupondo tantos que têm como fundamento o contrato fundador do Estado e da sociedade civil, estabelece a distinção entre senhor e servo em um processo cuja relação implica a obediência às leis e a atribuição de igualdade a ambos perante estas, cada qual detendo o poder de direito que possui – e lhe foi outorgado – no estado civil[37].

Configurando um ato jurídico firmado por todos os indivíduos em proveito da *persona civilis* que se lhe resulta, a mútua transferência ou cessão de direitos ilimitados concretizada interindividualmente converge para as fronteiras que encerram a instituição do Estado *jurídico* e a legitimação da obediência, instaurando o poder legislativo por meio da delegação da autoridade que o contrato implica e cuja autorização atribui ao *soberano* a condição de representante dos direitos dos cidadãos em um processo caracterizado pelo exercício de um poder absoluto, uno, indivisível e inalienável que traz como limite o direito

---

[37] Haja vista que, segundo a concepção de Hobbes, "o estado de igualdade é um estado de guerra", razão pela qual "a desigualdade foi introduzida pelo consentimento geral" (Hobbes, 1998, p. 158).

fundamental de preservação de si, que consiste na base da construção de todos os deveres do sistema político-jurídico.

À criação da *persona civilis* impõe-se como possibilidade da unificação das vontades individuais e da construção das condições político-jurídicas necessárias para a emergência do interesse geral em contraposição aos interesses particulares dos cidadãos e ao antagonismo para o qual convergem enquanto tais à medida que emergem das paixões humanas que no estado de natureza convergem para a instauração de uma situação que encerra "a guerra de todos contra todos" (*bellum omnium contra omnes*) e na qual "o homem é um lobo para o outro homem" (*homo homini lupus*), haja vista a ausência de um poder legal capaz de determinar o justo e o injusto e estabelecer a sujeição de todos os indivíduos à sua autoridade e ao monopólio da força que detém em função da obrigação que se lhe cabe impor como *soberano*[38].

---

[38] Nesta perspectiva, cabe salientar que se o medo funciona como um mecanismo que impede a transposição dos limites estabelecidos pelo

Se o medo da morte violenta consiste na paixão que converge para as fronteiras que encerram o desejo de autopreservação e a necessidade do estabelecimento da paz, o direito incondicional e absoluto que expressa a preservação de si, no sentido que encerra a vida e a liberdade, demanda a instituição do Estado como uma entidade jurídica, capaz de assegurar a proteção e a segurança de todos os indivíduos, o que implica, em última instância, a definição de regras e a determinação de punição à infração em um processo que traz uma noção de justiça[39] que guarda raízes no ato jurídico que cria a *persona*

---

sistema político-jurídico, haja vista o risco de punição à infração envolvido no processo que objetiva o controle da conduta e do comportamento dos indivíduos, a esperança guarda correspondência com a expectativa dos sujeitos no sentido de desenvolver uma capacidade de agir que, embora permaneça sob a égide do poder absoluto do soberano que a mútua transferência de direitos institui, tende a diluir a sua força coerciva e a influência externa que se lhe cabe exercer nas fronteiras da obrigação jurídica a fim de converter um processo originariamente heterônomo em autonomia.

[39] "Porque a justiça, quer dizer, o cumprimento dos pactos e dar a cada um o que é seu, é um ditame da lei de natureza." (Hobbes, 2003, p. 228)

civilis, o *soberano*, e mantém correspondência com a vontade humana [40], tendo em vista o atrelamento de todas as obrigações político-jurídicas à mútua transferência de direitos dos indivíduos entre si expressa no pacto e na delegação de poder e autoridade que corporifica.

Caracterizando-se como um processo que estabelece a sua centralização, a transferência dos poderes individuais para a *persona civilis* converge para outorgar à instituição que ora emerge do referido ato jurídico uma autoridade soberana e um poder absoluto, tornando-a detentora do monopólio legal da força e da capacidade de impor a sua vontade a todos os indivíduos através do sistema político-jurídico em uma construção que pressupõe a autorização dos cidadãos para os seus atos, o que implica o encargo da representação dos direitos dos quais os sujeitos abdicaram

---

[40] "A matéria ou objeto de um pacto é sempre alguma coisa sujeita à deliberação (*porque fazer o pacto é um ato da vontade, quer dizer, um ato, e o último ato, da deliberação*); portanto sempre se entende ser alguma coisa futura, e que é considerada possível cumprir por aquele que faz o pacto." (Hobbes, 2003, p. 120, grifos meus)

na fundação do Estado e da sociedade civil em troca da proteção e da segurança necessária para o estabelecimento da paz, condição *sine qua non* para o exercício do direito fundamental e inalienável da autopreservação[41].

A mútua transferência de direitos ou a cessão do governo de si, que guarda raízes nas fronteiras que envolvem a vida e a liberdade à medida que encerra o direito de autopreservação, implica, segundo a teoria de Hobbes, a imposição de restrições e limites[42] à conduta e ao comportamento dos indivíduos em uma construção baseada na delegação de poder e autoridade atribuída ao

---

[41] Dessa forma, a incapacidade do Estado de assegurar a ordem, ou seja, a proteção e a segurança dos cidadãos, objeto do ato jurídico que o institui, outorgando-lhe uma autoridade soberana e um poder absoluto, emerge como fato que caracteriza a sua ruptura, anulando o dever de obediência determinado pelo contrato.

[42] Tendo em vista que "a finalidade das leis não é outra senão essa restrição, sem a qual não será possível haver paz. E não foi outra a razão pela qual a lei surgiu no mundo, senão para limitar a liberdade natural dos indivíduos, de maneira tal que eles sejam impedidos de causar dano uns aos outros, e em vez disso se ajudem e se unam contra um inimigo *comum*." (Hobbes, 2003, p. 228, grifo do autor)

soberano que torna o sistema jurídico para o qual tende as suas ações produto da representação dos direitos individuais, convergindo para a legitimação da obediência em um processo que pressupõe que a referida sujeição, sob a acepção de submissão à vontade expressa na *persona civilis* que unifica as vontade individuais, não se dispõe senão no sentido que toma os cidadãos em relação a si mesmos, tratando-se de um ato desenvolvido em face de si próprios, personificados na figura da instituição estatal.

Nesta perspectiva, o poder absoluto do Estado e a sua soberana vontade como condição *sine qua non* para a construção da noção de igualdade que se impõe à instituição da ordem sociopolítica através do ato jurídico que traz como fundamento o direito de autopreservação dos indivíduos e implica a organização das suas liberdades, encerra as relações dos sujeitos entre si e concernente à *persona civilis* e à sociedade civil em um processo que envolve a submissão de todos os cidadãos indistintamente à

lei e ao controle, regulação e determinação que pressupõe[43].
Dessa forma, a lei consiste na possibilidade de estabelecer o
reconhecimento da igualdade dos indivíduos em uma
construção que, longe de eliminar as singularidades e as
particularidades que os caracterizam e os distinguem,
atribui a todos os mesmos direitos em uma construção que
confere à liberdade a noção que envolve, em suma, o direito
de ter como fundamento da obediência as leis e não a
vontade arbitrária de um ou mais indivíduos em um
exercício que encerra a inexistência de obstáculos e
pressupõe que, independentemente da conduta e do
comportamento dos sujeitos, o sistema político-jurídico
mantém sob controle o fim do processo, adequando e
ajustando o indivíduo à totalidade da instituição estatal,
independentemente da sua disposição de corresponder ou

---

[43] Nesta perspectiva, cabe ressaltar a compatibilidade que Hobbes
estabelece entre o medo e a liberdade, à medida que analisa a
influência da lei em relação à condição de um homem livre: "E de
maneira geral todos os atos praticados pelos homens no interior de
repúblicas, por *medo* da lei, são ações que os seus autores têm a *liberdade*
de não praticar." (Hobbes, 2003, p. 180, grifos do autor)

não às regras, normas e preceitos que regulam as relações dos sujeitos entre si e concernente à *persona civilis* e à sociedade civil[44].

---

[44] "Portanto, quer os homens sejam iguais por natureza, caso em que temos de reconhecer tal igualdade, quer sejam desiguais, caso em que se irão bater pelo poder, é necessário para se ter a paz – *que sejam considerados iguais*. E por isso o oitavo preceito da lei de natureza diz *que todo homem deve ser estimado naturalmente igual a outrem*, dando-se o nome de arrogância à sua violação." (Hobbes, 1998, p. 62-63, grifos meus)

CAPÍTULO 2[45]

A LEI NATURAL, O DIREITO DE PROPRIEDADE E A COEXISTÊNCIA DAS LIBERDADES: INDIVIDUALISMO MODERNO E LIBERALISMO POLÍTICO NO CONTRATUALISMO DE LOCKE

Detendo-se na construção epistemológica de Locke, que tem como fundamento a observação dos fenômenos e as suas correlações, o texto assinala que o seu método converge para a fundação de um empirismo que encerra um racionalismo que limita o seu relativismo, o que implica a preeminência que a sua teoria política atribui ao indivíduo e ao que é *particular* e a acepção de uma *realidade histórica concreta* caracterizada pela perfeita igualdade e

---

[45] O referido capítulo é constituído por trechos que integram o conteúdo do artigo intitulado A *lei natural, o direito de propriedade e a coexistência das liberdades: individualismo moderno e liberalismo político no contratualismo de Locke*, publicado pela **Revista Opinião Filosófica,** ISSN 2178-1176, v. 7, n. 1, p. 303-332, jun. 2016, Porto Alegre - RS, Brasil, e em **Filosofando: Revista Eletrônica de Filosofia da UESB,** ISSN 2317-3785, v. 3, n. 2, p. 54-75, jul./dez. 2015, Vitória da Conquista - BA, Brasil.

absoluta *liberdade* que impõe ao estado de natureza. Tendo em vista que esta condição de existência é baseada na lei natural, a transição para o estado civil através do contrato que funda a sociedade política não converge senão para assegurar os direitos naturais dos indivíduos, à medida que traz como fundamento da instituição do poder a propriedade, ou seja, a vida, a liberdade e os bens dos cidadãos, característica do individualismo moderno e do liberalismo político de Locke.

O reconhecimento das *personalidades individuais*, eis o que se impõe ao sistema filosófico-político de Locke, que se lhes atribui um campo independente de atividade, em cuja esfera o *imperium* não pode atuar, à medida que encerra o que se lhes é próprio, implicando tudo o que não é passível de sujeição, convergindo para uma relação que, envolvendo o Estado e os indivíduos, confere à instituição a obrigação de agir em função do interesse destes, jamais se lhes contrapondo em um processo que se lhes possibilita a participação no exercício em questão, embora tal condição se limite aos detentores da cidadania.

Se o Estado, segundo o sistema filosófico-político de Locke, atribui ao indivíduo a capacidade jurídica que implica o reconhecimento do *status civitatis* se lhe outorgado em função das pretensões jurídicas positivas que encerra, circunscrevendo a atividade do Estado à ação dos indivíduos, a autorização destes no sentido de exercer os direitos políticos, a saber, *status activae civitatis*, não converge senão para os detentores da cidadania, cuja condição, longe de abranger os membros em sua totalidade, restringe-se aos proprietários privados, na acepção da palavra, destinando os demais (trabalhadores) à composição das forças produtivas e à subalternidade da gestão.

À supremacia da autoridade legislativa, que no sistema filosófico-político de Locke encerra um caráter relativo, o que se impõe é a *soberania de fato* atribuída ao povo que, em face das condições jurídicas dos indivíduos enquanto membros da sociedade política, possibilita, dessa forma, uma garantia que emerge externamente no sentido de estabelecer limites ao Estado em um arcabouço que traz o poder judicial atrelado ao poder legislativo no âmbito de uma organização cuja administração de justiça perpassa todos os poderes e resulta na moralização da política.

Se o sistema representativo que emerge da teoria política de Locke caracteriza-se como *elitista*, excluindo do exercício da cidadania os despossuídos, não proprietários, que permanecem, contudo, relegados à condição de membros da organização político-social, constituindo o conjunto dos governados[46], cujo destino, a legislação, resultante de valores, necessidades e objetivos determinados pelos representantes dos proprietários, tem o encargo de

---

[46] Eis a conclusão para a qual converge a leitura de Macpherson (1979, p. 259), que esclarece que "o resultado disso é que os homens sem fortuna ou bens, ou seja, sem propriedades, no sentido comum, estão, legitimamente dentro da sociedade civil, e ao mesmo tempo, não estão", tendo em vista a perspectiva que assinala que somente os proprietários de bens ou fortunas "têm pleno interesse na preservação da propriedade, e apenas esses são integralmente capazes de vida racional - aquele compromisso voluntário para com a lei da razão - que é a base necessária para a plena participação na sociedade civil." (Macpherson, 1979, p. 260)

definir, reproduzindo as condições objetivas da existência econômico-social em vigor, a possibilidade de conferir a todos indistintamente os direitos políticos, embora fundamental para as "regras do jogo" na ora designada democracia (liberal ou parlamentar), não escapa à ambiguidade, à medida que tal participação política se mantém atrelada à égide da alienação ideológica, tornando-se contraproducente, conforme denuncia Rousseau, revelando o recurso que viabiliza a instauração do *pacto iníquo* no "Discurso sobre a origem e o fundamento da desigualdade entre os homens".

I PARTE

LOCKE E A EXPERIÊNCIA COMO FONTE DO CONHECIMENTO: "EMPIRISMO MÉDICO" E *CONCEPTUALISMO*

Inspirado em Bacon [47] e tendo como fundamento a observação dos fenômenos e as suas correlações, o método de Locke caracteriza-se como "histórico", à medida que consiste em um processo descritivo, puramente analítico, que pretende a fundação de um empirismo ("empirismo médico") que se estabelece através de um "otimismo metodológico", encerrando um racionalismo que impõe limites ao seu relativismo. Tal perspectiva carrega a pressuposição que envolve uma racionalidade que,

---

[47] Tal convergência guarda correspondência com o valor atribuído por Francis Bacon, expoente da filosofia pós-medieval na Grã-Bretanha e considerado o fundador da ciência moderna, à correlação envolvendo observação e experiência no processo de construção do conhecimento, além de concordar com aquele que é identificado por Voltaire como o "pai da filosofia experimental" concernente à sua oposição em face da confiança que se impõe às regras formais de raciocínio e às autoridades.

guardando visibilidade em face das manifestações naturais, caracteriza-se como inata em relação aos fenômenos, concebendo as operações racionais como a correlação dos fenômenos nas fronteiras determinadas pela experiência[48].

Circunscrevendo-se aos dados da experiência sensível, o conhecimento não alcança as causas essenciais, embora tal impossibilidade não represente a sua inexistência, configurando uma perspectiva mais *realista* do que fenomenista que impõe uma relação objetiva entre as ideias

---

[48] Identificando como *noologistas* aqueles pensadores cuja perspectiva encerra a possibilidade que envolve o alcance dos conhecimentos puros nas fronteiras da razão, em contraposição àqueles que atribuem a sua origem ao âmbito da experiência, Kant caracteriza a doutrina de Locke, que fundamenta na experiência a gênese dos conceitos, como "sistema de *noogonia*": "Numa palavra: Leibniz *intelectualizou* os fenômenos, tal como Locke sensualizara os conceitos do entendimento no seu sistema de *noogonia* (se me permitem usar estas expressões), isto é, considera-os apenas conceitos de reflexão, empíricos ou abstratos. Em vez de procurar no entendimento e na sensibilidade duas fontes distintas de representações, que só em *ligação* podiam apresentar juízos objetivamente válidos acerca das coisas, cada um destes grandes homens considerou apenas uma delas que, em sua opinião, se referia imediatamente às coisas em si, enquanto a outra nada mais fazia que confundir ou ordenar as representações da primeira." (*KrV*, A 271 / B 327, grifos do autor)

e o real e acena com a relativização da *causalidade*.

Identificada como a produção de um começo de existência, a *causalidade* não guarda correspondência com uma realidade absoluta incognoscível, constituindo-se a noção de *substância*[49] um conceito que compreende a acumulação de qualidades secundárias associadas de modo regular na experiência.

Nessa perspectiva, atribuindo ao homem a condição de *tabula rasa*[50], Locke relaciona a composição das ideias à

---

[49] "Coleção de ideias", eis o que se impõe à noção de substância, segundo a perspectiva de Locke, que afirma a sua incognoscibilidade e se lhe atribui a condição de um conjunto de determinações que guardam correlação factual, cuja necessidade escapa à demonstração, perfazendo uma uniformidade factual que se sobrepõe à concepção que implica uma necessidade racional, que pressupõe a interligação racional das determinações de um ente, que corresponderiam à determinação fundamental constitutiva da sua essência.

[50] "O espírito, a mente, etc. foram frequentemente descritos como se fossem uma 'tábula rasa', isto é, como se fossem uma laje, uma superfície, uma prancha, uma tabuinha para escrever (*tabula*) completamente plana, lisa, desocupada (*rasa*). Segundo esta descrição, o espírito, a mente, etc. não possuem em princípio nenhuma noção, nenhuma ideia; noções e ideias são adquiridas pelo espírito, pela mente, etc. à medida que a realidade – a 'realidade exterior' – vai 'escrevendo' ou 'inscrevendo' suas 'impressões' ou 'signos' na tábula. O que 'a realidade' imprime ou inscreve na tábula são primariamente impressões

emergência dos dados que lhe são transmitidos pela *sensação*, que perfaz a experiência exterior e guarda capacidade de introduzir em seu âmago as ideias dos objetos sensíveis, e pela *reflexão*, que consiste no exercício interior que encerra as operações do espírito. Se o *sensacionismo* ou *sensualismo* radicais, representado por Condillac[51], interpreta *tábula rasa* sob a acepção que implica que em princípio não há "nada" e são as impressões sensíveis que "constituem" o espírito ou a mente, a concepção do *empirismo moderado*, que corresponde à teoria de Locke, tende a afirmar que, embora o espírito ou a mente sejam em princípio desprovidos de qualquer noção,

---

sensíveis, e com base nelas se formam as noções ou ideias. Na ideia do espírito, da mente, etc. como 'tábula rasa' pressupõe-se que o espírito é, pelo menos em princípio, antes de entrar em contato com a realidade, algo fundamentalmente 'recipiente'". (Mora, 2004, p. 2808-2809)

[51] Atribuindo à sensação a origem dos conhecimentos, o filósofo francês Étienne Bonnot de Condillac (1714-1780) defende que é através do processo da observação da realidade que um sistema deve empreender a dedução que envolve o encadeamento dos fatos, perfazendo uma teoria que encerra como fundamento a noção de que todo o conhecimento guarda correspondência com a transformação da sensação original.

existe uma capacidade de recepção de impressões que possibilita a sua "inscrição" na tábula.

A forma como as ideias desenvolvem ou não a sua articulação entre si resulta imediatamente da sua relação, convergindo para um horizonte que coloca em questão a necessidade de recorrer a um princípio inato de contradição e que assinala a impossibilidade de conferir, concernente ao reconhecimento universal, um caráter evidente ao arcabouço dos *pseudoprincípios inatos*, tal qual ocorre com o conjunto de proposições adquiridas.

Nessa perspectiva, a leitura de Locke defende a possibilidade de existência da verdade e da objetividade, sobrepondo-se aos princípios inatos e à capacidade lhes atribuída de assegurá-las, afirmando que, independentemente do seu grau de abstração (Deus, regras lógicas, morais, etc.), as ideias não guardam correspondência senão com o espírito do homem. Se consistem naquilo que se impõe ao ato de pensar como objeto do entendimento (a saber, sensação, imagem, sentidos das palavras, ideias gerais, intenções), as ideias emergem como *simples* e *complexas*: as ideias *simples* caracterizam-se como aquelas que trazem como origem a *sensação*, a *reflexão* ou ambas, sendo obtidas de forma passiva, enquanto as ideias *complexas* implicam um modo ativo do espírito em sua composição, que encerra modos, relações e substâncias, conforme haja combinação, junção ou abstração.

Divergindo do *associacionismo* [52] e do *sensualismo* [53], o empirismo de Locke atribui ao

---

[52] Baseada na conexão recíproca dos elementos da consciência, operação pela qual, quaisquer que sejam estes, evocam-se uns aos outros, em consonância com uniformidades ou leis reconhecíveis, a saber, a *associação de ideias*, e na sua condição de princípio explicativo da vida da consciência, o *associacionismo* traz como pressuposto o *atomismo psicológico*, que consiste na "resolução de cada evento psíquico em elementos simples que são as sensações, as impressões, ou, genericamente, as ideias". (Abbagnano, 2007, p. 85)

[53] Doutrina que atribui aos sentidos, e especificamente às sensações, a condição de fundamento de todos os conhecimentos, convergindo para as fronteiras epistemológicas que encerram uma forma de empirismo: "Nem todo empirismo, contudo, é 'sensualista'. Os sentidos de que se fala ao propor-se uma doutrina epistemológica sensualista podem ser

conhecimento a condição que implica a percepção da conexão e da conformidade ou da oposição averiguada, examinada, demonstrada entre duas ideias, consistindo o grau de *certeza* do saber na conveniência envolvendo as ideias e a realidade. Os conhecimentos cujo grau de *certeza* é reduzido emergem das ideias *complexas* resultantes de combinações realizadas pelo espírito através de operações que não guardam correspondência com a natureza e as suas relações. Por essa razão, as ideias morais, matemáticas, consistem em ideias que não remetem para nada que se mantenha em condição de exterioridade em relação a si mesmas, segundo a leitura de Locke, cuja perspectiva circunscreve a objetividade dos conhecimentos às fronteiras da experiência, à medida que é esta que guarda capacidade de convergir para relações que se desenvolvem em condição de exterioridade.

Se a essência real das coisas escapa ao conhecimento,

---

entendidos num sentido mais 'passivo', ou num sentido mais 'ativo' ou espontâneo." (Mora, 2004, p. 2645) a sua possibilidade se detém na essência nominal, o que implica a inalcançabilidade de um saber positivo acerca do infinito, da eternidade ou das ações de Deus, cuja existência tende a uma demonstração que não se restringe senão ao fundamento que envolve o caráter indubitável da existência humana. Consistindo em uma criação do entendimento, o *universal* não guarda correspondência com a existência real das coisas senão com os signos, segundo Locke, que afirma, contudo, a preexistência das ideias gerais em relação às palavras, concorrendo para uma perspectiva que, sobrepondo-se ao *nominalismo* [54], permanece sob a égide do *conceptualismo*[55].

---

[54] Doutrina que encerra a negação da realidade dos *universais* e a sua redução a signos naturais, o *nominalismo* (posição nominalista ou "via nominal") circunscreve a existência real aos indivíduos ou às entidades particulares, convergindo para afirmar que os *universais* não se impõem antes da coisa, se lhe guardando precedência (*ante rem*), conforme defende o realismo ou o "platonismo", nem tampouco estão na coisa (*in re*), conforme sublinha a perspectiva do conceptualismo, do realismo moderado ou do "aristotelismo".

[55] Doutrina que atribui aos *universais* a condição de ideias gerais que encerram uma forma que se sobrepõe à concepção que envolve meras

Nessa perspectiva, contrapondo-se ao *dogmatismo escolástico*, Locke instaura um tipo de análise que determinará a filosofia do conhecimento no século XVIII, concebendo um empirismo que pretende estabelecer uma ruptura diante do pensamento que, baseado no *inatismo*[56] dos princípios, impossibilita a ciência de compreender as correlações reais, verdadeiras, efetivas, envolvendo as ideias e que, consequentemente, implicam os fenômenos, perfazendo uma perspectiva que invalida a experiência,

---

abstrações ou sinais linguísticos, consistindo em uma existência que se circunscreve à mente e não guarda correspondência com a realidade, concorrendo, sob a acepção de instrumentos intelectuais, para a organização do conhecimento.

[56] Convém esclarecer que o *inatismo* contra o qual Locke se posiciona envolve os princípios de conhecimento e de ação moral e as ideias que trazem implicadas, o que supõe que "tendo presente que o que Locke rejeitou como inatas eram proposições, verdades, especulativas e práticas, assim como as ideias de Deus e de bem e de mal, cumpre-nos assinalar que Locke identificou outras classes de princípios que poderiam ser considerados inatos, não aprendidos" (Yolton, 1996, p. 132), a saber, um desejo de felicidade e uma aversão ao infortúnio, designados como princípios práticos inatos, além das faculdades da mente e certos traços de caráter, aos quais a teoria de Locke atribui a referida condição.

caracterizando-a como inútil, supérflua, desnecessária[57].

---

[57] De acordo com Locke, o pensamento de Descartes e dos cartesianos (Malebranche, Gassendi, os neoplatônicos de Cambridge) não concretiza a ruptura necessária diante do *dogmatismo escolástico*, tendo em vista o *inatismo* dos princípios que o caracteriza.

II PARTE

A LEI NATURAL E O ESTADO NATURAL FUNDAMENTANDO O DIREITO DE PROPRIEDADE E A COEXISTÊNCIA DAS LIBERDADES

Correlacionando *liberdade* e igualdade, o estado de natureza, conforme a perspectiva de Locke, não consiste em um estado de licenciosidade, tendo em vista que, guardando raízes nas fronteiras que encerram a reta razão e medida da liberdade, a lei natural emerge como *moral*, caracterizando-se como a expressão de um decreto da vontade divina ou *lei divina*, que encerra a condição de regra universal do dever e do pecado e perfaz o critério das ações boas ou más.

> As obrigações da lei da natureza não se extinguem na sociedade, mas em muitos casos elas são delimitadas mais estritamente e devem ser sancionadas por leis humanas que lhes anexam penalidades para garantir seu cumprimento. Assim, a lei da natureza impõe-se como uma lei eterna a todos os homens, aos legisladores como a todos os outros. As regras às quais eles

submetem as ações dos outros homens devem, assim como suas próprias ações e as ações dos outros homens, estar de acordo com a lei da natureza, isto é, com a vontade de Deus, da qual ela é declaração; como a lei fundamental da natureza é a preservação da humanidade, nenhuma sanção humana pode ser boa ou válida contra ela.[58]

A lei da natureza, constituindo-se como inata, caracteriza-se pela condição de harmonia tanto em relação à natureza das coisas como em relação à ordem do universo, tornando-se passível de conhecimento em função da experiência sensível, guardando correspondência com a perspectiva teleológica, finalista, que determina a teoria de Locke e que implica uma organização do mundo e do universo tendo em vista uma finalidade, convergindo para as fronteiras que compreendem, em última instância, a causalidade do fim.

Nessa perspectiva, caracterizando a antropologia lockeana, alcança relevância o conceito de *pessoa* que, consistindo em um ser inteligente e consciente de si mesmo,

---

[58] Locke, 2001, XI, § 135, p. 164.

perfaz o *homem moral*, que guarda capacidade de corresponder à lei da natureza, à medida que detém a faculdade racional que o possibilita descobri-la, exercer a liberdade e alcançar a felicidade, tendo em vista que *pessoa* é "um ser inteligente pensante, que possui raciocínio e reflexão, e que se pode pensar a si próprio como o mesmo ser pensante em diferentes tempos e espaços; é-lhe possível fazer isto devido apenas a essa consciência que é inseparável do pensamento"[59]. Dessa forma, Locke define um estado de natureza[60] que traz a paz como regra e atribui à guerra a condição de exceção, à medida que, perfazendo uma

---

[59] Locke, 1999, I, XXVII, § 11, p. 442-443.

[60] Se Hobbes atribui ao estado de natureza uma condição que encerra a "a guerra de todos contra todos" (*bellum omnium contra omnes*) e na qual "o homem é um lobo para o outro homem" (*homo homini lupus*), Pufendorf o caracteriza como um estado de paz, convergindo para a questão que implica o motivo pelo qual os homens deveriam realizar a transição para o estado civil, instituindo a sociedade política, diante de cuja perspectiva Locke propõe uma teoria que, mantendo o estado de natureza sob a égide da razão e o governo do direito natural, concebe uma existência de paz que, contudo, guarda possibilidade de transformar-se em estado de guerra.

situação de instabilidade provisória acarretada pelas paixões e pelo dinheiro, representa a ruptura da harmonia que caracteriza a relação que envolve o *homem como um ser dotado de razão e liberdade* e a natureza.

Caracterizando-se como *moral*, a lei natural assegura ao indivíduo a possibilidade de conservação da sua própria vida, se lhe outorgando também o dever de não lesar a vida dos outros, convergindo para uma perspectiva que impõe legitimidade moral à *família* e à *propriedade*, esta última trazendo como fundamentos o trabalho e a hipótese de uma prodigalidade ilimitada da natureza [61] . Dessa forma, perfazendo um direito natural, a propriedade traz como limitação a autoconservação do indivíduo, além da

---

[61] Contrapondo-se à teoria de Locke, a leitura rousseauniana salienta que, "se o trabalho possibilita o direito à produção (o resultado do investimento na terra), a sua transposição para o que se lhe escapa (a terra, propriamente), inicialmente sob condição temporária, converge para o instituto que instaura a desigualdade, a saber, a propriedade, que, guardando caráter artificial, amplia as diferenças naturais, agravando-as, à medida que se impõe através da apropriação ininterrupta dos meios de produção em face do direito que se lhe cabe aos fins, dos bens produzidos, no caso." (Mariano da Rosa, 2014, p. 117)

necessidade de impedir o desperdício e a destruição, desde que a apropriação não subtraia dos demais a possibilidade da sua autopreservação [62]. A ampliação da propriedade consiste em uma possibilidade, guardando correspondência com a capacidade de trabalho do indivíduo e com os seus meios e recursos de utilização[63]. Se o esforço que implica a

---

[62] Trazendo a apropriação como um pressuposto do *consumo*, eis o argumento de Locke: "Deus, que deu o mundo aos homens em comum, deu-lhes também a razão, para que se servissem dele para o maior benefício de sua vida e de suas conveniências. A terra e tudo o que ela contém foi dada aos homens para o sustento e o conforto de sua existência. Todas as frutas que ela naturalmente produz, assim como os animais selvagens que alimenta, pertencem à humanidade em comum, pois são produção espontânea da natureza; e ninguém possui originalmente o domínio privado de uma parte qualquer, excluindo o resto da humanidade, quando estes bens se apresentam em seu estado natural; entretanto, como foram dispostos para a utilização dos homens, é preciso necessariamente que haja um meio qualquer de se apropriar deles, antes que se tornem úteis ou de alguma forma proveitosos para algum homem em particular." (Locke, 2001, V, § 26, p. 97-98)

[63] Locke esclarece que "a mesma regra de propriedade, ou seja, que cada homem deve ter tanto quanto pode utilizar, ainda permaneceria válida no mundo sem prejudicar ninguém, visto haver terra bastante para o dobro dos habitantes, se a *invenção do dinheiro* e o acordo tácito entre os homens para estabelecer um valor para ele não tivesse introduzido (por consentimento) posses maiores e um direito a elas" (Locke, 2001, V, § 36, p. 103, grifos meus). Dessa forma, convém sublinhar que a

subtração dos objetos e das coisas ao seu estado comunitário em função da distribuição para particulares justifica a propriedade, a lei de natureza, que a funda, se lhe determina os limites[64].

Se a leitura de Hobbes defende a impossibilidade de existência de sociedade na ausência de Estado, a teoria de Locke se lhe contrapõe, à medida que se sobrepõe à lógica contratualista que estabelece a oposição envolvendo estado de natureza e estado civil, concebendo entre ambos um

---

emergência do dinheiro atribui caráter relativo a tal limitação, à medida que possibilita a aquisição de propriedades e o seu acúmulo pelos indivíduos, acarretando um desequilíbrio econômico-social, tendo em vista que institucionaliza o "trabalho assalariado", pois "numa economia comercial em que toda a terra está apropriada, implicava na existência de trabalho assalariado." (Macpherson, 1979, p. 229)

[64] Alcança relevância a perspectiva de Rousseau, que assinala que, "longe de perfazer um direito natural que o trabalho confere, conforme salienta a perspectiva lockeana, a propriedade demanda uma legalidade positiva que possibilite o seu reconhecimento como tal por todos indistintamente, incluindo os não-proprietários, os pobres, cuja concordância, nesse sentido, somente se torna possível mediante a transformação de um interesse particular em universal, ou seja, o recurso ideológico, que, prestando serviço às classes economicamente dominantes, destina ao trabalho, à servidão e à miséria todo o gênero humano." (Mariano da Rosa, 2014, p. 116)

estado social. Determinada pela razão, tal ordem independe do Estado, caracterizando-se a sua condição pela existência de instituições jurídicas de origem pactual e pelo desenvolvimento de relações que as implicam, entre as quais se impõem a família, a propriedade, o "comércio" (a "compra-venda"), que representam a superação da vida comunitária baseada nas relações circunscritas às mulheres e aos bens e convergem para as fronteiras que encerram o *pactum societatis*[65] e o *pactum subjectionis*[66].

Evitar o estado de guerra [67], impedindo a

---

[65] O *pactum societatis* ou *unionis* consiste na união dos homens que, emergindo da condição de isolamento que caracteriza o estado de natureza, constituem-se em sociedade.

[66] O *pactum subjectionis* ou pacto de submissão consiste na transferência ou na alienação dos poderes da sociedade assim composta em um processo que implica determinadas condições e converge para a instituição de um soberano.

[67] Nesta perspectiva, alcança relevância a observação de Pierre Manent, que adverte que "toda doutrina do estado de natureza e do contrato social tem necessariamente um momento hobbesiano - esse é também o caso de Rousseau -, já que somente um estado de guerra insuportável, um mal intolerável pode explicar que os homens entrem em acordo

manifestação de comportamentos contra *natura* e a possibilidade de contestação que caracteriza a lei não escrita, eis o que motiva os homens a se constituírem em sociedade civil, instituindo a ordem política, tendo em vista a necessidade de assegurarem a felicidade, a liberdade, a igualdade, a propriedade, que não consistem senão nos seus direitos naturais. A formação de uma comunidade e o estabelecimento de uma sociedade política envolvem um movimento de incorporação que pressupõe a união e a combinação dos indivíduos, que assumem a condição de membros de um todo unificado e integrado, cujo poder de agir não guarda correspondência senão com a vontade e a determinação da *maioria*, segundo a teoria de Locke, que confere a este princípio o caráter de força necessária para a consecução dos objetivos do pacto:

> Por isso é preciso admitir que todos aqueles que saem de um

---

para abandonar um estado em que, em princípio, seus direitos floresciam. Mas esse 'momento hobbeseano' não encontra saída na solução de Hobbes. Ao contrário, a solução lockeana pode ser considerada diretamente dirigida contra Hobbes." (Manent, 1990, p. 76)

estado de natureza para se unir em uma comunidade abdiquem de todo o poder necessário à realização dos objetivos pelos quais eles se uniram na sociedade, em favor da *maioria* da comunidade, a menos que uma estipulação expressa não exija o acordo de um número superior à maioria.[68]

Baseado no *livre consentimento* do conjunto dos indivíduos ora designado como povo, o contrato configura a transição do estado de natureza para a vida civil, constituindo-se uma união[69] que possibilita a proteção, a defesa, a garantia da propriedade, cuja noção, segundo a perspectiva de Locke, implica a vida, a liberdade e os bens dos homens que aceitaram (*consent*) prescindir do seu direito natural de fazer justiça por si próprios, confiando-o (*trust*) à sociedade em função do acordo da maioria. Se o

---

[68] Locke, 2001, VIII, § 99, p. 141, grifo meu.

[69] É necessário sublinhar a diferenciação envolvendo as concepções políticas de organização social que guardam correspondência com a dicotomia "comunidade-associação", que concorre para as fronteiras que encerram "uma livre associação de indivíduos em competição (visão liberal/hobbesiana) ou como um coletivo que é mais que a soma de suas partes, um corpo edificante através do qual é possível concretizar a autêntica cidadania (visão socialista/rousseauniana)." (Bottomore; Outhwaite, 1996, p. 116)

consentimento (individual) se caracteriza como fundamento da instituição da sociedade política, de acordo com Locke, é o *princípio da maioria* (consentimento da *maioria*) que se impõe como determinante para a construção das decisões coletivas:

> Quando qualquer número de homens, através do consentimento de cada indivíduo, forma uma comunidade, dão a esta comunidade uma característica de um corpo único, com o poder de agir como um corpo único, o que significa agir somente segundo a vontade e a determinação da *maioria*. Pois o que move uma comunidade é sempre o consentimento dos indivíduos que a compõem, e como todo objeto que forma um único corpo deve se mover em uma única direção, este deve se mover na direção em que o puxa a força maior, ou seja, o consentimento da *maioria*; do contrário, é impossível ele atuar ou subsistir como um corpo, como uma comunidade, como assim decidiu o consentimento individual de cada um; por isso cada um é obrigado a se submeter às decisões da *maioria*. E por isso, naquelas assembleias cujo poder é extraído de leis positivas, em que a lei positiva que os habilita a agir não fixa o número estabelecido, vemos que a escolha da *maioria* passa por aquela do conjunto, e importa na decisão sem contestação, porque tem atrás de si o poder do conjunto, em virtude da lei da natureza e da razão.[70]

Contrapondo-se à perspectiva de Hobbes, que

---

[70] Locke, 2001, VIII, § 96, p. 139-140, grifos meus.

atribui ao estado de natureza uma situação que encerra "a guerra de todos contra todos" (*bellum omnium contra omnes*) e na qual "o homem é um lobo para o outro homem" (*homo homini lupus*), Locke caracteriza o estado de natureza como uma condição regida pela razão. Tal concepção implica a existência dos direitos naturais que o contrato social não pode suprimir e que, subsistindo, convergem para a proteção dos indivíduos que se tornam membros da sociedade diante do poder político ora instaurado em face da possibilidade de que o seu exercício transponha os limites estabelecidos e incorra em excessos, constituindo-se a base da coexistência das liberdades.

III PARTE

DO CONSENTIMENTO INDIVIDUAL AO CONSENTIMENTO DA *MAIORIA*: A INSTITUIÇÃO DO CORPO POLÍTICO E O PRIMADO DA LEI NO ESTADO

A humanidade estará em uma condição muito pior do que no estado de natureza se armar um ou vários homens com o poder conjunto de uma multidão para forçá-los a obedecer os decretos exorbitantes e ilimitados de suas ideias repentinas, ou a sua vontade desenfreada e manifestada no último momento, sem que algum critério tenha sido estabelecido para guiá-los em suas ações e justificá-las.[71]

Se o contrato que possibilita a instauração do corpo político e a constituição da sua autoridade implica um processo que, segundo a leitura de Rousseau, escapa à condição de uma associação contingente, voluntária, e envolve uma transformação de caráter necessário, concorre, de acordo com a perspectiva de Hobbes, para um consentimento que emerge coercitivamente, consistindo,

---

[71] Locke, 2001, XI, § 137, p. 166.

conforme a interpretação de Locke, em um acordo tácito.

> Se todos os homens são, como se tem dito, livres, iguais e independentes por natureza, ninguém pode ser retirado deste estado e se sujeitar ao poder político de outro sem o seu próprio *consentimento*. A única maneira pela qual alguém se despoja de sua liberdade natural e se coloca dentro das limitações da sociedade civil é através de acordo com outros homens para se associarem e se unirem em uma comunidade para uma vida confortável, segura e pacífica uns com os outros, desfrutando com segurança de suas propriedades e melhor protegidos contra aqueles que não são daquela comunidade. Esses homens podem agir desta forma porque isso não prejudica a liberdade dos outros, que permanecem como antes, na liberdade do estado de natureza. Quando qualquer número de homens decide constituir uma comunidade ou um governo, isto os associa e eles formam um corpo político em que a maioria tem o direito de agir e decidir pelo restante.[72]

Nessa perspectiva, se o contrato de Locke representa uma convenção voluntária que não estabelece uma ruptura diante do estado de natureza mas guarda correspondência com o objetivo que envolve a institucionalização das condições adequadas à manutenção da paz e da segurança que caracterizam a coexistência harmoniosa dos indivíduos

---

[72] Locke, 2001, VIII, § 95, p. 139, grifo meu.

iguais e livres, o estabelecimento da sociedade civil, baseada na *relação de confiança*[73] ora instaurada e que traz como fundamento as leis, não demanda a alienação de todos os seus direitos senão somente o direito de punir[74]. Consistindo em um direito natural, o direito de punir implica uma penalização de caráter proporcional à falta cometida no estado de natureza, cuja concepção implica a

---

[73] Tendo em vista que "o governo é uma relação entre homens, entre criaturas que podem merecer confiança, mas podem, às vezes, traí-la. Confiança é um dos termos antigos presentes no pensamento de Locke. O caráter indispensável e o risco da confiança são fundamentais para a existência humana. Como ele escreveu em 1659, os homens 'vivem com base na confiança'. (...) A linguagem pode ser 'o grande Instrumento, e o Laço comum da Sociedade' (E 402): porém, o que lhe confere o poder de unir os homens, na prática, é sua capacidade de expressar seus compromissos solenes sobre os quais se baseia necessariamente sua confiança recíproca e que constituem os vínculos (*vincula*) de sua vida comum (LT 134)." (Dunn, 2003, p. 71-72)

[74] Estabelecendo uma comparação envolvendo a leitura de Hobbes e a perspectiva de Locke em relação às condições implicadas na instituição do contrato, eis a crítica de Chevallier: "Hobbes, não por amor ao absolutismo, conforme se pode pensar, mas por saber 'um pouco de lógica elementar' (Oakeshott) recusa o compromisso que um Locke adotará - segundo o qual os homens teriam sacrificado *apenas uma parte* de seu direito natural." (Chevallier, 1999, p. 74, grifos do autor)

noção de "justiça", tendo em vista a necessidade de reparação em relação a um prejuízo, e guarda o sentido de prevenção, à medida que pretende eliminar a sua possibilidade de recorrência, visto que se lhe antecipa as consequências que incidirão sobre o infrator. Dessa forma, cabe salientar que o contrato institui o *monopólio legal da força*, cujo poder, ausente no estado de natureza, guarda capacidade de manter sob controle os membros da sociedade, se lhes impondo obrigações entre si em nome da necessidade de assegurar a realização e o usufruto dos direitos naturais pelos indivíduos[75].

O caráter natural atribuído à sociedade impossibilita que a transição do estado de natureza para a vida civil realizada através da convenção voluntária que encerra o contrato de Locke guarde o sentido de um pacto de *associação*, tampouco consistindo em um pacto que carregue

---

[75] "Os direitos naturais não têm força: é indispensável constituir um poder que os enuncie e formalize - que lhes dê *força de lei* - e que imponha sua efetividade (mediante a coerção)." (Châtelet; Duhamel; Pisier-Kouchner, 1990, p. 59, grifos do autor)

a pressuposição de uma desigualdade contraposta à lei de natureza, como no caso do pacto de *submissão*, e muito menos representando um cálculo de interesses [76], à medida que traz como fundamento o *livre consentimento do povo*, ao qual pertence toda a soberania[77]. Se a soberania

---

[76] Do tipo do *covenant* de Hobbes, que configura um compromisso estabelecido entre os indivíduos que, renunciando reciprocamente aos seus direitos naturais sobre todas as coisas, autorizam todas as ações que a partir de então a *persona civilis* ora criada concretize em nome dos referidos sujeitos, perfazendo uma delegação de poder que torna inquestionáveis e inobjetáveis as decisões da autoridade soberana, cuja perspectiva é objeto da crítica de Locke que, baseando a legitimidade no *consentimento*, afirma: "Como se, no dia em que os homens deixaram o estado de natureza para entrar na sociedade, tivessem concordado em ficar todos submissos à contenção das leis, exceto um, que ainda conservaria toda a liberdade do estado de natureza, ampliada pelo poder, e se tornaria desregrado devido à impunidade. Isto equivale a acreditar que os homens são tolos o bastante para se protegerem cuidadosamente contra os danos que podem sofrer por parte das doninhas ou das raposas, mas ficam contentes e tranquilos em serem devorados por leões." (Locke, 2001, VII, § 93, p. 137)

[77] "A soberania do povo, na qualidade de absoluta, não era, em princípio, mais propícia à separação dos poderes do que a soberania do rei, mas, como o povo soberano não podia governar diretamente, e como a assembleia de seus representantes tampouco era apropriada para governar, um regime baseado na soberania do povo tinha praticamente necessidade de outro poder que não o soberano."

consiste, segundo a perspectiva de Hobbes, na capacidade de obter obediência ao conjunto de normas e preceitos através da prática do poder coativo (soberania estatal), de acordo com Rousseau guarda correspondência com o consenso direto do povo expresso na Vontade Geral, condição para o seu exercício (soberania popular), convergindo a leitura de Locke para as fronteiras que encerram um consenso cuja manifestação, trazendo como veículo a classe de representantes, impõe-se de forma indireta e demanda a sujeição ao arcabouço das leis, cabendo a um órgão subordinado ao legislativo a sua aplicação.

> Pois as leis não são feitas para si mesmas, mas para serem executadas dentro dos limites da sociedade, para manter cada parte do organismo político em seu lugar e função determinados, e se isso vem a desaparecer, o governo evidentemente também desaparece, e o povo se torna uma multidão confusa sem ordem ou coesão. Quando não há mais a administração da justiça para assegurar os direitos dos homens, nem qualquer poder remanescente no interior da comunidade para dirigir a força ou prover as necessidades do público, certamente não há mais

(Manent, 1990, p. 84-85)

governo. Quando as leis não podem ser executadas, tudo se passa como se não houvesse leis; e um governo sem leis é, imagino eu, um mistério político inconcebível para as faculdades do homem e incompatível com toda sociedade humana.[78]

Se ao *governo civil* cabe o direito de fazer leis e de executá-las, guardando a possibilidade de recorrer à força e à sanções penais em seu exercício, cujo propósito não é senão o bem público, a sociedade civil mantém uma certa autonomia nesta relação, conforme exemplifica o *direito de insurreição,* que emerge da soberania do povo e traz como base a sua capacidade de julgar os magistrados (se são ou não dignos da confiança neles depositada). Atribuindo aos indivíduos direitos originários e inalienáveis, a teoria de Locke afirma que, em função da garantia destes os tais, através do consenso comum, instituem o Estado, se lhe guardando condição de supremacia, o que implica o direito

---

[78] Locke, 2001, XIX, § 219, p. 217.

de resistência[79]:

> O objetivo do governo é o bem da humanidade, e o que é melhor para a humanidade, que o povo deva estar sempre exposto à vontade desenfreada da tirania, ou que os governantes às vezes enfrentem a oposição quando exorbitam de seus direitos no uso do poder e o empregam para a destruição e não para a preservação das propriedades de seu povo?[80]

Tal poder confere ao povo o direito de exoneração em relação a qualquer homem que, sob a condição de

---

[79] Se Dunn (2003, p. 45) argumenta que a teoria política de Locke tende às fronteiras que encerram "um direito de resistência à autoridade injusta, um direito, em última instância, de revolução", Goldwin defende que "existe somente o direito de resistir e evitar o *regresso* ao estado de guerra" (Goldwin, 1993, p. 479, grifo do autor), à medida que "não pode existir nenhum direito que traga perigo à conservação da sociedade", tendo em vista que "a revolução é uma ameaça à conservação da sociedade", o que implica a seguinte conclusão: "Qualquer coisa que signifique o direito de resistência deve ser congruente com a conservação da sociedade" (Goldwin, 1993, p. 478). Alexis Tadié, por sua vez, esclarece que o exercício de um poder arbitrário pelo governo civil acarreta a perda da sua legitimidade, convergindo para a ruptura do pacto e configurando a sua rebelião em face dos princípios nele firmados em prol dos direitos dos indivíduos, o que implica que "o direito à revolução nasce, nesse sentido, de uma ruptura do pacto cuja responsabilidade é dos governos, o que os coloca em estado de guerra com seus súditos." (Tadié, 2005, p. 73)

[80] Locke, 2001, XIX, § 229, p. 223.

príncipe, incorrer no não cumprimento da função de magistrado civil cujo encargo esteja sob a sua responsabilidade[81]. Segundo Locke o magistrado é um simples mandatário no âmbito de uma relação que, envolvendo o governo civil e a sociedade, consiste em uma relação de *trust*.

> Em uma sociedade política organizada, que se apresenta como um conjunto independente e que age segundo sua própria natureza, ou seja, que age para a preservação da comunidade, só pode existir um poder supremo, que é o legislativo, ao qual todos os outros estão e devem estar subordinados; não obstante, como o legislativo é apenas um poder fiduciário e se limita a certos fins determinados, permanece ainda no povo um poder supremo para destituir ou alterar o legislativo quando considerar o ato legislativo contrário à confiança que nele depositou; pois todo poder confiado como um instrumento para se atingir um fim é limitado a esse fim, e sempre que esse fim for manifestamente negligenciado ou contrariado, isto implica necessariamente na retirada da confiança, voltando assim o poder para as mãos daqueles que o confiaram, que

---

[81] "Toda pessoa investida de uma autoridade que excede o poder a ele conferido pela lei, e faz uso da força que tem sob seu comando para atingir o súdito com aquilo que a lei não permite, deixa de ser um magistrado; e, como age sem autoridade, qualquer um tem o direito de lhe resistir, como a qualquer homem que pela força invada o direito de outro." (Locke, 2001, II, § 202, p. 207-208)

podem depositá-lo de novo onde considerarem melhor para sua proteção e segurança.[82]

Se no estado de natureza o homem têm o poder de determinar a regra ou norma de conduta que lhe convém em função da necessidade de conservar-se a si próprio como aos demais indivíduos, guardando também a capacidade de executar a punição que o seu julgamento considerar cabível em relação à violação das leis naturais, o contrato que possibilita a transição para o estado civil demanda a instituição de dois poderes essenciais, a saber, o poder legislativo, ao qual cabe fazer as leis, e o poder executivo, ao qual compete aplicá-las[83], tendo em vista que

---

[82] Locke, 2001, XIII, § 149, p. 173.

[83] Nesta perspectiva, alcança relevância a interpretação de Pierre Manent que, atribuindo ao poder legislativo a condição de "prolongamento do desejo individual de preservação", supõe que "é por exprimir diretamente o desejo de conservação da propriedade, razão de ser da instituição política, que ele é soberano ou 'supremo'" (Manent, 1990, p. 79), convergindo o poder executivo, através de cuja emergência a autoridade política se impõe como detentora de força legítima, para as fronteiras que encerram a distinção entre o estado natural e o estado civil do homem, à medida que, se "a lei exprime ou

o grande objetivo dos homens quando entram em sociedade é desfrutar de sua propriedade pacificamente e sem riscos, e o principal instrumento e os meios de que se servem são as leis estabelecidas nesta sociedade; a primeira lei positiva fundamental de todas as comunidades políticas é o estabelecimento do poder legislativo; como a primeira lei natural fundamental, que deve reger até mesmo o próprio legislativo, é a preservação da sociedade e (na medida em que assim o autorize o poder público) de todas as pessoas que nela se encontram.[84]

Nessa perspectiva, trazendo como fundamento do governo e da autoridade que se lhe compete exercer a noção que implica o consenso dos membros da sociedade civil, Locke estabelece a distinção entre o poder executivo e o poder legislativo (que traz em seu arcabouço o poder judiciário[85]), além do poder federativo (encarregado das

---

representa o desejo de preservação do homem natural, o executivo civil, ao se revelar irredutível à lei ou ao revelar a insuficiência da lei, manifesta a ruptura entre o estado de natureza e o estado civil, e encarna, mais do que o legislativo, o que é próprio da condição política do homem." (Manent, 1990, p. 80)

[84] Locke, 2001, XI, § 134, p. 162.

[85] Alcança relevância a perspectiva que implica uma condição de imbricação do judiciário em relação ao legislativo, representando ambos *dois aspectos distintos do mesmo poder*, segundo a leitura de

relações exteriores), atribuindo ao poder legislativo a condição de poder supremo do Estado[86], à medida que

---

Bobbio (1998, p. 233, grifos do autor), e constituindo-se a função judiciária integrante da instância legislativa, de acordo com Goldwin (1993, p. 476), perfazendo uma interpretação que traz como fundamento a seguinte exposição de Locke: "Os homens passam assim do estado de natureza para aquele da comunidade civil, instituindo um juiz na terra com autoridade para dirimir todas as controvérsias e reparar as injúrias que possam ocorrer a qualquer membro da sociedade civil; este juiz é o legislativo, ou os magistrados por ele nomeados. E onde houver homens, seja qual for seu número e sejam quais forem os elos que os unem, que não possam recorrer à decisão de um tal poder, eles ainda estão no estado de natureza" (Locke, 2001, VII, § 89, p. 134). Convém esclarecer, contudo, que, embora atrelada ao âmbito do poder legislativo, a função judiciária era da competência dos magistrados e do conjunto do povo (corpo de jurados): "Quando surge uma controvérsia entre um príncipe e uma parte do povo em uma questão em que a lei é silenciosa ou duvidosa, e a questão é de muita importância, eu acho que o árbitro apropriado em tal caso deveria ser o conjunto do povo; pois em casos em que o príncipe tem uma confiança depositada nele, e está dispensado das regras ordinárias comuns da lei, se alguns homens se consideram lesados e acham que o príncipe agiu de encontro ou além dessa confiança, quem mais apropriado para julgar que o conjunto do povo (que primeiro depositou nele essa confiança) até que ponto ela deve se estender?" (Locke, 2001, XIX, § 242, p. 233-234)

[86] Convém esclarecer que a separação dos poderes legislativo e executivo e a distinção das funções que se lhes cabem não convergem para impossibilitar o exercício eventual da função legislativa pelo poder executivo, ao qual se impõe a responsabilidade acerca da resolução de diversas questões, conforme defende Locke, que atribui ao referido poder de agir a condição de prerrogativa: "Quando os poderes

consiste na emanação da *vontade do povo* em uma constituição que objetiva assegurar uma liberdade que não se caracteriza senão como a autodeterminação daquele que delibera tendo em vista a felicidade.

Correspondendo ao *consentimento* que caracteriza a transição do estado de natureza para o estado civil e institui o corpo político, tal vontade, baseada no *princípio da maioria* que determina as decisões coletivas, não converge senão, segundo o sistema filosófico-político de Locke, para as fronteiras que encerram o *consentimento da maioria*, isto é, a

---

legislativo e executivo se encontram em mãos distintas (assim como em todas as monarquias moderadas e governos bem estruturados), o bem da sociedade exige que várias coisas fiquem a cargo do discernimento daquele que detêm o poder executivo. Como os legisladores são incapazes de prever e prover leis para tudo o que pode ser útil à comunidade, o executor das leis, possuindo o poder em suas mãos, tem pela lei comum da natureza o direito de utilizá-lo para o bem da sociedade em casos em que a lei civil nada prescreve, até que o legislativo possa convenientemente se reunir para preencher esta lacuna. Há muitas coisas em que a lei não tem meios de desempenhar um papel útil; é preciso então necessariamente deixá-las a cargo do bom-senso daquele que detêm nas mãos o poder executivo, para que ele as regulamente segundo o exigirem o bem público e suas vantagens." (Locke, 2001, XIV, § 159, p. 181)

vontade da maioria, que se circunscreve a um mero somatório das vontades particulares que resulta na vontade de todos e implica uma noção à qual contrapõe-se a Vontade Geral, que sobrepõe, em suma, o todo, que perfaz a comunidade, às partes, representadas pelos indivíduos como seus membros[87].

Se o consentimento que institui a sociedade política através do pacto objetiva a proteção, a defesa, a garantia da propriedade que, segundo a perspectiva de Locke, implica a vida, a liberdade e os bens dos homens, a diversidade de valores e a pluralidade de interesses que se impõem à relação envolvendo o "indivíduo" e o governo concorrem

---

[87] Tendo em vista que, "sobrepondo-se ao caráter individualista se lhe atribuído pela perspectiva que encerra o Estado como resultado de um contrato envolvendo as vontades particulares, o que se impõe à leitura rousseauniana é a Vontade Geral, para a qual converge o ato de associação em questão, base da unidade do corpo coletivo que, emergindo através de um 'eu' comum, não tende senão às fronteiras do interesse comum, que escapa ao arcabouço da vontade de todos e expressa a transcendência da vontade coletiva em relação às vontades individuais que, sob a acepção de um mero somatório, detêm a vontade da maioria e o seu interesse privado." (Mariano da Rosa, 2015, p. 168)

para a instauração de um sistema político cujo fim tende à boa vida e à sociedade ideal, ao bem-estar, afinal, e guarda, sob a acepção de "mercado político", a condição que encerra a agregação e o processamento das preferências dos cidadãos em um processo que se desenvolve à sua margem, em uma esfera que se lhe mantém justaposta, a saber, a organização social que, delegando poder aos seus representantes, protagoniza aquilo que consiste no objeto da crítica rousseauniana: "O povo inglês pensa ser livre e muito se engana, pois só o é durante a eleição dos membros do parlamento; uma vez estes eleitos, ele é escravo, não é nada. Durante os breves momentos de sua liberdade, o uso, que dela faz, mostra que merece perdê-la."[88]

Nesta perspectiva, implicando um conceito de representação política que guarda correspondência com os interesses individuais, além de circunscrever os objetivos do governo à possibilidade de satisfação dos propósitos dos

---

[88] Rousseau, 1999b, p. 187.

indivíduos e da proteção dos seus direitos, tal complexo de ideias, perfazendo o *individualismo político*, converge, através de uma determinada correlação que envolve o "indivíduo"[89] e o governo, para as fronteiras que encerram o liberalismo político e o que o qualifica, a saber, a possibilidade de gerir a coexistência das liberdades[90].

---

[89] Detendo direitos originários e inalienáveis que se impõem à coletividade, o "indivíduo" em questão carrega um viés identitário prenhe de sobredeterminações éticas e políticas para cujas fronteiras converge como um produto cultural ou ideológico, à medida que encerra um *valor de fim* preponderante em relação à comunidade, tendo em vista a perspectiva que atribui à convenção estabelecida entre os indivíduos a instituição da sociedade civil e do Estado.

[90] Nesta perspectiva, convém esclarecer a divergência que emerge entre liberalismo e democracia, tendo em vista o conceito de liberdade que caracteriza cada uma dessas teorias políticas, segundo Bobbio: "A diferença entre Estado liberal do tipo de Locke e Estado democrático pode ser reduzida em última análise a uma diferença entre duas concepções de liberdade: o liberal entende a liberdade como não-impedimento, ou seja, como a faculdade de agir sem ser dificultado pelos outros, e cada um então tem liberdade tão maior quanto maior for o âmbito no qual pode mover-se sem encontrar obstáculos; o democrático, todavia, entende a liberdade como autonomia, e cada um então tem liberdade tão maior quanto mais a vontade de quem faz as leis se identificar com a vontade de quem deve obedecer a essas leis." (Bobbio, 1995, p. 48)

CAPÍTULO 3[91]

A "ALIENAÇÃO VERDADEIRA" DO PACTO ROUSSEAUNIANO: A VONTADE GERAL E O EXERCÍCIO DA SOBERANIA POPULAR

Baseado em um processo de abstração que converge para a eliminação das determinações correspondentes às ideias, valores ou crenças produzidas pela socialização e impostas à natureza humana, Rousseau empreende uma análise hipotético-dedutiva que possibilita a reconstrução do percurso do desenvolvimento humano em um movimento que tende a restabelecer a condição original de

---

[91] O referido prefácio é constituído por trechos que integram o conteúdo do artigo intitulado *A soberania entre a renúncia dos direitos ilimitados do contrato hobbesiano e a "alienação verdadeira" do pacto rousseauniano*, publicado pela **Revista Filosofia Capital - RFC**, ISSN 1982-6613, v. 11, n. 18, p. 43-61, jan./dez. 2016, Brasília - DF, Brasil, pela **Revista de Ciências Humanas - Educação e Desenvolvimento Humano / UNITAU**, ISSN 2179-1120, v. 9, n. 1, ed. 16, p. 115-130, jun. 2016, Taubaté - SP, Brasil, e pela **Akrópolis - Revista de Ciências Humanas da UNIPAR**, ISSN 1982-1093, v. 24, n. 1, p. 71-84, jan./jun. 2016, Umuarama - PR, Brasil.

existência e a possibilidade do registro da construção genealógica da corrupção do gênero. Dessa forma, distinguindo-se do animal pela sua relação com a natureza instintual em virtude da capacidade de se sujeitar ou oferecer resistência à sua influência, como também pela sua condição de *ser em devir*, dotado da faculdade de se aperfeiçoar, tanto quanto pela posse da bondade natural que, sob a acepção de uma inocência original, impõe-se aquém da consciência do bem e do mal, cabe a uma pressão externa, que emerge como uma ruptura na estabilidade, a instauração do processo de *perfectibilidade*, que produz o desencadeamento da inteligência instrumental e guarda correspondência com a necessidade atrelada ao trabalho, que viabiliza a sua conservação e demanda a previsão e a manutenção do conhecimento adquirido na memória, convergindo a dialética que implica necessidade e liberdade, pensamento e ação, para as fronteiras que encerram o fenômeno da conscientização da sua dimensão temporal e a sua introdução no âmbito historial.

À contingência que caracteriza a invenção da agricultura e da metalurgia o que se impõe é o desencadeamento de um processo irreversível, convergindo para a divisão do trabalho e para a organização de um sistema produtivo que converge para a instauração da desigualdade social e econômica que traz como fundamento a propriedade, acarretando a situação de guerra permanente e insegurança generalizada que demanda a fundação de uma ordem política que confere uma base jurídica à propriedade e institucionaliza a desigualdade. Porém, sobrepondo-se ao pacto iníquo e à sociedade injusta que ora funda, Rousseau, atribuindo primazia aos princípios em detrimento dos fatos, propõe o contrato social como uma reflexão normativa em função da necessidade de estabelecer a legitimidade da ordem política, correlacionando em seu fundamento a liberdade e a igualdade.

Nessa perspectiva, se o ato inicial de associação converge, segundo a leitura rousseauniana, para a refundição da natureza através do próprio homem que, dela se apropriando, a reduz, tornando-a uma de suas atividades, a teoria do contrato não encerra senão a noção de uma ruptura radical envolvendo a subjetividade psicológica e moral da "pessoa" e o ser social, contrapondo-se à idéia que implica tanto a total procedência deste último em direito daquela como, antes, um liame dedutivo entre ambos, à medida que a existência no âmbito da sociedade demanda suas próprias normas, que emergem das suas fronteiras e se impõem, não guardando correspondência com outra realidade, o que atribui à referida perspectiva a condição de precursora da sociologia, que supõe um tratamento das relações entre indivíduo e sociedade de caráter antinômico em face da ideologia burguesa.

Se tanto em Hobbes como em Locke o contrato (burguês) estabelece, no que tange à coletividade, o *status* jurídico do indivíduo como tal, cumprindo uma função que não implica senão em um equilíbrio entre a lei e o direito, o objetivo e o subjetivo, convergindo para um compromisso que encerra a limitação dos direitos subjetivos infinitos do indivíduo, cuja medida, que se impõe como necessária ao estado social, possibilita a enumeração dos direitos subsistentes do cidadão, a leitura de Rousseau, sobrepondo-se às fronteiras da cultura burguesa, característica da sua época, não se circunscreve à questão que envolve partilha, à medida que o referido processo demanda uma relação que escapa à sua perspectiva, que, defendendo que o cidadão e o indivíduo são mutuamente exclusivos, elimina qualquer liame de obrigação daquele em face deste último, ao qual nada mais deve, tendo em vista a supressão dos termos contratantes que distingue a construção rousseauniana, que assinalando que o cidadão não mais provém do indivíduo natural, se contrapõe, em suma, à simples transposição, mesmo que denegadora, do psicológico ao político, que determina o contratualismo que emerge do pensamento hobbesiano ou da visão lockeana.

Nesta perspectiva, pois, se o contrato burguês não

encerra qualquer tipo de "alienação" propriamente dita, caracterizando-se, em suma, pela abdicação de um direito infinito que, contudo, não se impõe senão como teórico, convergindo para assegurar, em compensação, direitos "reais", à medida que é para si mesmo, para o próprio lucro, que se contrata, o contrato de Rousseau, que se contrapõe à referida perspectiva, emerge como uma *alienação verdadeira*, tendo em vista que a troca implica não menos do que o homem, sobrepondo-se o cidadão ao indivíduo, que em função daquele simplesmente desaparece, precedendo o coletivo desde então o individual, que se lhe suplanta, afinal.

Baseado no direito de propriedade o sistema social converge para a construção de relações que, envolvendo os homens enquanto indivíduos em sua concreticidade histórico-cultural e econômico-social entre si, não se caracterizam senão como uma sequência ilimitada de reparações e represálias, perfazendo uma organização político-jurídica cujo poder se impõe através da violência que, guardando correspondência com o próprio recurso instaurador da "sociedade civil", consiste, em função da sua "força", na única alternativa capaz de viabilizar a paz.

Carregando a possibilidade de que os homens enquanto indivíduos em sua concreticidade histórico-cultural e econômico-social não sejam relegados à margem da ordem sociopolítica cuja instituição é constituída por valores, necessidades e objetivos que emergem das relações sociais engendradas no âmbito das forças produtivas, a Vontade Geral converge para um sentido de organização que se sobrepõe à noção que mantém estas em condição de exterioridade no que se lhe concerne, como se as formas institucionais não se lhes guardassem raízes, configurando uma espécie de arcabouço existente *a priori* e ao qual se impõe uma integração que demanda o exercício da coação que, indispensável à sua sobrevivência como tal, torna sem efeito (supérfluo) o acordo tácito ou formulado que transforma um conjunto de indivíduos em seus membros.

Ao arcabouço de uma forma institucional que se

mantém sob condição de ruptura no que tange à sociedade civil e detém a estrutura jurídica que a capacita a controlar os antagonismos envolvendo as vontades particulares e os seus interesses corporificados pelas unidades sociais particulares no jogo das forças produtivas, o que se impõe é a Vontade Geral como um processo lógico-político de deliberação coletiva que através do movimento ético-jurídico de objetivação dos valores, necessidades e fins do corpo coletivo e moral converge para um conteúdo que atribui à Constituição e às suas leis a *universalidade de fato* que a sociedade e a dinâmica das relações intersubjetivas demanda em seu funcionamento.

I PARTE

LIBERDADE, PERFECTIBILIDADE E *BONDADE* DO HOMEM NO ESTADO NATURAL E A MUTAÇÃO DO PROCESSO DE SOCIALIZAÇÃO: A DIALÉTICA ENVOLVENDO HOMEM E NATUREZA

Circunscrevendo ao processo de socialização a possibilidade acerca da instauração e do desenvolvimento das determinações essenciais que perfazem a condição humana (do homem enquanto homem) e a distinguem como tal, a saber, implicando desde o pensamento racional até a linguagem articulada, além do sentimento moral, que escapam ao estágio natural, a concepção rousseauniana, no que tange à superação do estado de natureza, converge para se sobrepor à construção sociopolítica que guarda raízes nas fronteiras da leitura antropológico-filosófica que encerra a perspectiva hobbesiana (tanto quanto a visão lockeana) e que traz como fundamento a existência de indivíduos ontologicamente isolados[92].

Se a condição do homem natural converge para as fronteiras que envolvem a dispersão e a ignorância concernente ao trabalho, o que se lhe confere distinção em relação à animalidade é a capacidade de reconhecer-se livre para se submeter ou não à instintividade absoluta concomitantemente com a *perfectibilidade*[93], cuja faculdade, uma vez em potência, atualiza-se em função das circunstâncias, dirigindo o desenvolvimento humano que,

---

[92] Convém salientar que, longe de ter como fundamento "indivíduos" sob condição de separação, o que se impõe à leitura rousseauniana é um "estado de natureza" de caráter hipotético, cujo postulado teórico emerge como o oposto "dialético" do estado social através de uma relação que, sobrepondo-se ao processo que, tendo como base o ser individual, encerra a dedução da sociedade, converge para estabelecer a medida da sua "evolução" ou da sua variação histórica.

[93] "É da 'perfectibilidade' que brota toda inteligência do homem, mas também todos os seus erros; que brotam as suas virtudes, mas também os seus vícios. Ela parece elevá-lo acima da natureza, mas torna-o ao mesmo tempo um tirano da natureza e de si mesmo. Entretanto, não podemos renunciar a ela, pois a marcha da natureza humana não se deixa deter: *'la nature humaine ne rétrograde pas'*". (Cassirer, 1999, p. 101)

longe de engendrar necessariamente o progresso moral, consiste no processo que, sob a acepção que encerra o homem como um *ser em devir*, implica a possibilidade de que torne-se melhor ou pior, segundo a perspectiva rousseauniana, que se sobrepõe, em suma, à concepção que tende a estabelecer uma relação entre o homem e a realidade baseada em determinações rígidas e "definitivas", tendo em vista que atribui à natureza humana uma disposição que contempla a *abertura* à experiência e à sua irredutível diversidade[94].

Consistindo em uma inocência original que implica uma disposição psicológica que inter-relaciona dois

---

[94] Eis o esclarecimento de Dent: "O homem pode aprender como o seu meio ambiente funciona e pode adaptar-lhe o seu comportamento para sua própria vantagem, assim como modificar esse meio ambiente a fim de obter mais vantagens. Virtualmente todos os comportamentos humanos são aprendidos ou adquiridos, e poucos se tornam tão consolidados que não permitam sua modificação se a necessidade (ou o gosto) o exigir. A nossa capacidade para toda essa flexibilidade e adaptabilidade, a nossa aptidão para aumentar o nosso estoque de conhecimentos e aplicá-los de modos infinitamente variados, Rousseau as atribui à perfectibilidade." (Dent, 1996, p. 181)

princípios que antecedem à razão e guardam oposição e complementariedade, a saber, o amor de si (*amour de soi*) e a piedade ou "compaixão" (*pitié*), a bondade[95], que se impõe à condição humana no estado de natureza, segundo a leitura rousseauniana, não se caracteriza senão como uma moral natural, à medida que escapa ao sentido que envolve um valor ético, mantendo-se aquém da consciência do bem e do mal em uma situação originária de felicidade que traz como fundamento a perfeição da natureza em sua instauração em um contexto que atribui ao homem primitivo independência e ociosidade, e isto no sentido que supõe, respectivamente, a inexistência de restrições, tanto quanto a ausência de necessidade do trabalho.

Se o *amour de soi* possibilita a autoconservação, se lhe guardando correlação e raízes a *pitié* consiste em uma forma

---

[95] "Essa bondade não se funda numa propensão instintiva qualquer da simpatia, mas na capacidade de autodeterminação. Portanto, a sua verdadeira prova não se encontra nos impulsos de benevolência natural, mas no reconhecimento de uma lei moral à qual a vontade individual se submete espontaneamente." (Cassirer, 1999, p. 100)

primordial de manifestação do genérico-humano que converge para as fronteiras que encerram a identificação que abrange todos os seres em face da vivencialização das vicissitudes existenciais através de um compartilhamento que expõe a condição de integrantes de uma mesma natureza, cujas características distintivas se lhes conferem o sentido de pertencimento a um conjunto de possibilidades e determinações que os mantém sob a égide da semelhança, o que implica uma intersecção que não tende senão para um sentimento de repugnância inata diante da comunicação que se desenvolve mutuamente acerca da experiência do sofrimento[96].

Se a leitura hobbesiana atribui ao "instinto de conservação" um caráter egoísta, que converge para a condição que encerra o estado de natureza sob a égide que

---

[96] "Por natureza, o homem possui a capacidade de imaginar-se no ser e na sensibilidade do outro e esta aptidão para a 'empatia' faz que ele sinta até certo grau o sofrimento do outro como se fosse o seu. Mas há uma grande distância entre essa capacidade fundada numa mera impressão sensorial e o interesse ativo, a defesa efetiva dos outros." (Cassirer, 1999, p. 97-98)

envolve *homo homini lupus* e *bellum omnium contra omnes*, se lhe contrapondo Rousseau estabelece a distinção, na esfera do princípio que emerge como fundamento da relação do homem consigo mesmo, entre o *amour de soi*, que consiste em um sentimento natural que implica a autopreservação e guarda capacidade de produzir, sob o governo da razão e a influência da piedade, humanidade e virtude, e o *amour propre* (amor-próprio), que perfaz um sentimento factício que corresponde à vida em sociedade, à medida que se manifesta em seu âmago e impele o sujeito, na relação interindividual, a se deter em si em detrimento do outro, incitando-o a se sobrepor ao próximo[97].

Sobrepondo-se à independência que caracteriza os homens em sua condição natural, a dependência recíproca

---

[97] "Para Rousseau, a deficiência da filosofia de Hobbes consiste em colocar no lugar do egoísmo puramente passivo existente no âmbito do estado natural um egoísmo ativo. O impulso para espoliar e dominar com violência é algo estranho ao homem natural como tal; ele só pôde surgir e criar raízes depois que o homem passou a viver em sociedade e conheceu todos os desejos 'artificiais' criados por esta." (Cassirer, 1999, p. 97)

dos indivíduos socializados, que guarda correspondência com a multiplicação e a diversificação das necessidades humanas, implica a instauração de conflitos e rivalidades, à medida que o que se impõe à fundação da "sociedade civil" não é senão a propriedade privada[98], que converge para a emergência da divisão do trabalho e a sua crescente intensificação em um contexto caracterizado pela oposição de interesses que, detendo-se nas fronteiras da concorrência, torna o *amour propre* a base das relações sociais em detrimento do *amour de soi*.

Nesta perspectiva, ao liame dedutivo envolvendo a subjetividade psicológica e moral da "pessoa" e o ser social, que converge para uma perspectiva que encerra o cidadão

---

[98] "O verdadeiro fundador da sociedade civil foi o primeiro que, tendo cercado um terreno, lembrou-se de dizer *isto é meu* e encontrou pessoas suficientemente simples para acreditá-lo. Quantos crimes, guerras, assassínios, misérias e horrores não pouparia ao gênero humano aquele que, arrancando as estacas ou enchendo o fosso, tivesse gritado a seus semelhantes: 'Defendei-vos de ouvir esse impostor; estareis perdidos se esquecerdes que os frutos são de todos e que a terra não pertence a ninguém!'." (Rousseau, 1999a, p. 87, grifos do autor)

através de uma condição que guarda correspondência com uma procedência absoluta em direito do homem enquanto indivíduo "natural", o que se impõe à leitura de Rousseau é a instauração de uma ruptura que atribui ao estado social um processo que implica uma mutação total do ser em questão, à medida que, contrapondo-se à "ideologia" burguesa do contrato, defende a existência de normas e determinações próprias no que concerne à vida no âmbito da organização social, cujo funcionamento escapa ao caráter apriorístico de uma concepção trans-histórica e depende do fato que advém das relações interindividuais e intersubjetivas.

Perfazendo um resultado lógico que se impõe ao processo de legalização que envolve a própria natureza no seu desenvolvimento ou o "social", o pacto social se sobrepõe à condição que encerra uma convenção contingente, transpondo as fronteiras do arbítrio e da liberdade moral, à medida que consiste, em última instância, no ato necessário do sujeito no sentido de fazer-se social, segundo a perspectiva rousseauniana, que escapa à ideologia que caracteriza a teoria contratualista e converge para assinalar a mutação total que, concernente ao ser humano, implica o estado social.

Se o que se impõe como fundamento ao contrato (segundo a leitura de Hobbes e a perspectiva de Locke) não é senão o instituto da propriedade privada[99], além dos direitos que se lhe estão atrelados, que consiste na instauração de um sistema baseado no princípio do "individualismo possessivo" [100] que, caracterizado pela

---

[99] "Como antes de se constituir a cidade todas as coisas pertenciam a todos (...), e tudo o que alguém chamasse de *seu* algum outro teria idêntico direito a igualmente dizer *seu* (pois, onde todas as coisas são em comum, nada pode ser propriedade de um), segue-se que a propriedade de alguém nada mais é do que aquilo que ele pode conservar graças às leis e ao poder da cidade como um todo, isto é, daquele a quem está conferido o mando supremo sobre ela." (Hobbes, 1998, p. 111, grifos do autor)

[100] A noção que envolve "individualismo possessivo" emerge da leitura de Crawford Brough Macpherson (1911-1987), professor e sociólogo canadense, que afirma: "A essência humana é ser livre da dependência das vontades alheias, e a liberdade existe como exercício da posse. A sociedade torna-se uma porção de indivíduos livres e iguais, relacionados entre si como proprietários de suas próprias capacidades.

correlação envolvendo o instinto de posse e o desejo de acumulação, tende inevitavelmente a reduzir o Estado, em última instância, à função de assegurar o conjunto dos interesses particulares, o que implica em investi-lo de uma autoridade ilimitada e de um poder absoluto, uno, indivisível e inalienável, perfazendo uma soberania cujo exercício, possibilitando a proteção e a segurança de todos, determinando o justo e o injusto em uma construção que assinala a submissão destes a partir da legitimidade pressuposta na delegação de poder que a convenção que funda a instituição estatal e a sociedade civil viabiliza, o pacto rousseauniano traz a *troca* e as *relações* para as quais converge como o momento essencial do processo de transformação da autossuficiência do desejo para a Vontade Geral[101], expressão do povo enquanto corpo coletivo e

---

A sociedade consiste de relações de troca entre proprietários." (Macpherson, 1979, p. 15)

[101] À *troca* e às *relações* que caracterizam o pacto rousseauniano o que se impõe não é senão que "o ato de associação compreende um compromisso recíproco entre o público e os particulares, e que cada

moral na formação do qual o homem enquanto membro emerge, simultaneamente, como cidadão e súdito[102].

___

indivíduo, contratando, por assim dizer, consigo mesmo, se compromete numa dupla relação: como membro do soberano em relação aos particulares, e como membro do Estado em relação ao soberano." (Rousseau, 1999b, p. 73)

[102] "Quanto aos associados, recebem eles, coletivamente, o nome de *povo* e se chamam, em particular, *cidadãos*, enquanto partícipes da autoridade soberana, e *súditos* enquanto submetidos às leis do Estado." (ROUSSEAU, 1999b, p. 71, grifos do autor)

II PARTE

DA PROPRIEDADE PRIVADA E O DIREITO NATURAL BURGUÊS À VONTADE GERAL E O DIREITO SOCIAL DO PACTO ROUSSEAUNIANO: A DIALÉTICA ENVOLVENDO INDIVÍDUO E CIDADÃO

Longe de consistir em um direito natural atribuído pelo trabalho, se lhe emergindo como o seu resultado, conforme defende a perspectiva lockeana, a propriedade demanda uma legalidade positiva que seja capaz de proporcionar uma condição que se lhe confira, diante de todos indistintamente, inclusive diante dos não-proprietários, os pobres, o seu reconhecimento como tal, convergindo para uma concordância que não advém senão do recurso que transforma um interesse particular em universal, a saber, a ideologia, perfazendo o jusnaturalismo, dessa forma, um construto que dialoga com a legitimação filosófica da desigualdade, tendo em vista que a desigualdade moral ou política, guardando contraste referente à desigualdade natural ou física, não mantém correspondência senão com uma espécie de convenção que possibilita o seu estabelecimento como tal, a sua instituição, pois, ou a sua autorização[103].

Caracterizando um processo de socialização cuja instauração implica fases sucessivas que abrangem distintas estruturas econômico-sociais que não guardam correspondência senão com o progresso que envolve as técnicas de produção (pastoreio, agricultura, metalurgia, etc.) e as faculdades humanas (linguagem, razão, especialização no trabalho, etc.), convergindo para uma estrutura material que traz em condição de imanência um antagonismo baseado em interesses diversos, a perspectiva

---

[103] "Se o trabalho possibilita o direito à produção (o resultado do investimento na terra), a sua transposição para o que se lhe escapa (a terra, propriamente), inicialmente sob condição temporária, converge para o instituto que instaura a desigualdade, a saber, a propriedade, que, guardando caráter artificial, amplia as diferenças naturais, agravando-as, à medida que se impõe através da apropriação ininterrupta dos meios de produção em face do direito que se lhe cabe aos fins, dos bens produzidos, no caso." (Mariano da Rosa, 2014, p. 117)

rousseauniana estabelece um liame orgânico entre o desenvolvimento das forças produtivas e os diferentes modos de produção e formações sociais.[104]

À contingência que caracteriza a invenção da agricultura e da metalurgia o que se impõe é o desencadeamento de um processo irreversível, convergindo para a divisão do trabalho e para a organização de um sistema produtivo cujo resultado se sobrepõe às necessidades de consumo, perfazendo um contexto que encerra a superabundância de bens que, tornando-se objeto de cobiça, deflagra a disputa da posse do supérfluo que implica os indivíduos que, submetendo à exploração do trabalho os demais, exercem o usufruto da ociosidade através da construção do poder econômico-social, tendo em vista a instauração da forma de desigualdade social que traduz-se na desigualdade econômica que, determinando as condições em questão, traz como fundamento a propriedade, que não consiste senão na apropriação

---

[104] Mariano da Rosa, 2014.

arbitrária daquilo que guarda um sentido de pertencimento que se mantém atrelado a todos e a ninguém, simultaneamente, se lhe escapando, pois, o reconhecimento de algum direito, circunscrevendo-a, dessa forma, à defesa da força que, sob a égide que acena com a "lei do mais forte", engendra a situação de guerra permanente e insegurança generalizada que demanda a fundação de uma ordem política que, segundo a leitura de Rousseau, confere uma base jurídica à propriedade e institucionaliza a desigualdade[105].

Consistindo em uma ruptura que converge para a instauração do estado cívico, acarretando o processo de corrupção humana, o instituto de propriedade se impõe

---

[105] "Se seguirmos o processo da desigualdade nessas diferentes revoluções, verificaremos ter constituído seu primeiro termo o estabelecimento da lei e do direito de propriedade; a instituição da magistratura, o segundo; sendo o terceiro e último a transformação do poder legítimo em poder arbitrário. Assim o estado de rico e de pobre foi autorizado pela primeira época; o de poderoso e de fraco pela segunda; e, pela terceira, o de senhor e escravo, que é o último grau da desigualdade (...)." (Rousseau, 1999a, p. 110)

como uma fronteira em relação ao estado de natureza, reduzindo a noção de "pertencimento" ao sentido da conveniência atrelada à proteção e à integridade física, à medida que a emergência do contrato guarda correspondência com a "necessidade" que envolve a garantia da segurança e da propriedade[106], por intermédio de cujo fim alcança legitimidade, tornando-se a construção da organização sociopolítica um benefício que se circunscreve a uma parcela da sociedade, que é representada, em suma, pelos detentores de um *poder* que advém do estágio que antecede a instituição em questão e

---

[106] "Consistindo no direito de usufruir de seus bens independentemente de outro homem, da sociedade, o direito de propriedade privada emerge como a aplicação prática do direito de liberdade individual, que se impõe como o fundamento da 'sociedade civil', assinalando para o indivíduo que o outro não se caracteriza como a realização de sua liberdade, pressuposto da 'sociedade igualitária', senão como o seu limite, que confere ao direito em questão a condição de direito do egoísmo, ou, segundo a leitura rousseauniana, o direito do homem dominado pelo *amour propre*." (Mariano da Rosa, 2014, p. 118)

que, por essa razão, configura uma conquista empreendida pela força, perfazendo, enfim, uma usurpação[107].

Se a natureza guarda possibilidade de convergir para uma desigualdade que emerge em função da força ou do gênio, o que se impõe ao pacto é a instauração de uma igualdade moral e legítima que seja capaz de proporcionar uma equivalência envolvendo a condição de todos indistintamente, o que não pressupõe senão uma base material, cuja inexistência relega a igualdade às fronteiras que encerram uma mera aparência e ilusão, perfazendo uma realidade social que contrapõe a miséria do pobre e a

---

[107] "'Unamo-nos', disse-lhes, 'para defender os fracos da opressão, conter os ambiciosos e *assegurar a cada um a posse daquilo que lhe pertence.*" (Rousseau, 1999a, p. 100, grifos meus). Eis o que se impõe ao estabelecimento da sociedade civil e da ordem política através do pacto iníquo, segundo a leitura rousseauniana que, detendo-se na questão que envolve o instituto da propriedade e as suas implicações, converge para as fronteiras que encerram a seguinte conclusão: "Tal foi ou deveu ser a origem da sociedade e das leis, que deram novos entraves ao fraco e novas forças ao rico, destruíram irremediavelmente a liberdade natural, fixaram para sempre *a lei da propriedade e da desigualdade*, fizeram de uma usurpação sagaz um direito irrevogável e, para lucro de alguns ambiciosos, daí por diante sujeitaram todo o gênero humano ao trabalho, à servidão e à miséria." (Rousseau, 1999a, p. 100, grifos meus)

usurpação do rico e demanda a superação da alienação para a qual tende o referido contexto através da instituição de uma organização social que, atribuindo à propriedade privada uma função social[108], que a mantenha atrelada ao interesse comum da coletividade, exclua a divisão do trabalho que se lhe está imbricada, tendo em vista que

> o pacto fundamental, em lugar de destruir a igualdade natural, pelo contrário substitui por uma igualdade moral e legítima aquilo que a natureza poderia trazer de desigualdade física entre

---

[108] Se a perspectiva hobbesiana atribui à propriedade a condição de uma concessão do soberano, à medida que é a instituição do poder comum que viabiliza a sua emergência como tal, o que implica a impossibilidade de que se constitua um direito absoluto do indivíduo concernente ao Estado, a leitura rousseauniana, a despeito de tornar o Estado detentor dos bens de seus membros através do contrato, converge para as fronteiras que encerram a noção que envolve a sua capacidade de assegurar a legítima posse e a necessidade para a qual tende a transformação da "propriedade-fato" em "propriedade-direito" no que tange ao controle social, visto que o Estado "está autorizado e habilitado a intervir na propriedade à medida que a disparidade da posse coloque em perigo a igualdade dos sujeitos jurídicos – e condene classes isoladas de cidadãos à completa dependência econômica ameaçando assim tornar-se um joguete nas mãos dos ricos e poderosos." (Cassirer, 1999, p. 60)

os homens, que, podendo ser desiguais na força ou no gênio, todos se tornam iguais por convenção e direito.[109]

Se o que se impõe à natureza do homem não é senão a autossuficiência do desejo, o princípio da violência que a caracteriza se lhe nega a condição de estabelecer "de direito" o Estado, convergindo para as fronteiras que encerram a impossibilidade de que se constitua como fundamento do contrato, perfazendo uma situação que encerra uma ruptura entre a natureza e a sociedade, a despeito desta (a sociedade) consistir em um produto daquela (a natureza), à medida que o pacto traz como base a Vontade Geral, que emerge como expressão do corpo coletivo e moral resultante do referido ato que, neste sentido, guarda a acepção que envolve um compromisso do povo consigo mesmo, tendo em vista que implica a manifestação do corpo político como tal, da totalidade dos "cidadãos" em sua *atividade*, do povo incorporado que, dessa forma, se torna "soberano" e que em sua *passividade*, concernente à

---

[109] Rousseau, 1999b, p. 81.

noção de um "conjunto de súditos", configura o "Estado", fundando-o e fixando-o enquanto tal e se lhe conservando sob controle.[110]

Se o "indivíduo" carrega um viés identitário prenhe de sobredeterminações éticas e políticas para cujas fronteiras converge como um produto cultural ou ideológico, o que se impõe ao contrato, que não se esgota sob a acepção que envolve um ato que implica *indivíduos* que emergem de uma condição caracterizada pela liberdade e pela igualdade em direitos, não é senão, no que concerne ao cidadão e ao indivíduo, modos de existência reciprocamente exclusivos, segundo a perspectiva rousseauniana, que suprime os termos contratantes e o compromisso ou partilha que a cultura burguesa se lhe atribui, contrapondo-se à convenção que propõe a renúncia dos direitos ilimitados, infinitos, embora teóricos, em função da possibilidade que corresponde à garantia de

---

[110] Mariano da Rosa, 2015.

direitos *reais*, tendo em vista que o pacto de Rousseau guarda a noção de uma troca, uma permuta, que consiste em uma relação que, abrangendo o ser individual e o ser social (cidadão), assinala a superação daquele por este último, conferindo precedência ao coletivo através de uma construção que sublinha o processo histórico de transformação que, baseado no trabalho, instaura o Direito Social, que traz o intercâmbio que abarca o natural e o humano e sobrepuja o Direito Natural burguês, que se mantém atrelado à égide que estabelece a oposição entre natureza e cultura.

III PARTE

A VONTADE GERAL E O EXERCÍCIO
DA SOBERANIA POPULAR: A DIALÉTICA
ENVOLVENDO SOCIEDADE E ESTADO

> A primeira e mais importante consequência decorrente dos
> princípios até aqui estabelecidos é que só a *vontade geral* pode
> dirigir as forças do Estado de acordo com a finalidade de sua
> instituição, que é o *bem comum*, porque, se a oposição dos
> interesses particulares tornou necessário o estabelecimento das
> sociedades, foi o acordo desses mesmos interesses que o
> possibilitou. O que existe de *comum* nesses vários interesses
> forma o liame social e, se não houvesse um ponto em que todos
> os interesses concordassem, nenhuma sociedade poderia existir.
> Ora, somente com base nesse *interesse comum* é que a sociedade
> deve ser governada.[111]

Se a forma institucional do Estado emerge por
intermédio de uma relação de poder de caráter permanente
que perfaz a sua realidade fática e converge para um
exercício que guarda correspondência com as fronteiras
axiológicas e implica um arcabouço jurídico, o que se
impõe à Vontade Geral é a possibilidade de instauração de

---

[111] Rousseau, 1999b, p. 85, grifos meus.

149

um processo que se sobrepõe à ruptura envolvendo governantes e governados, à medida que como uma manifestação do povo enquanto corpo coletivo e moral atribui ao indivíduo concreto como membro do soberano a condição de cidadão e súdito[112] em uma construção na qual se lhe cabe, nesta perspectiva, a função de objetivação dos valores, necessidades e fins do conjunto social através do movimento ético-jurídico com o qual dialoga a constituição lógico-política da deliberação coletiva, que abrange os momentos que encerram o *instituído*, o *instituinte* e a *institucionalização*[113] e tende à unidade sistemática da totalidade sócio-político-jurídica em questão.

---

[112] Convém salientar que, "como o soberano é 'formado apenas pelos particulares que o compõem', o pacto social reduz-se na realidade a um engajamento do povo consigo mesmo", tendo em vista que "os associados alienam-se com todos os seus direitos a toda a comunidade", convergindo, pois, essa "alienação total", para torná-los simultaneamente súditos e membros do soberano. (Derathé, 2009, p. 341)

[113] Se o *instituinte* consiste em um momento do processo de institucionalização que encerra o movimento de produção do sistema

Atribuindo a condição de "sujeitos da história" aos homens enquanto indivíduos em sua concreticidade histórico-cultural e econômico-social, à Vontade Geral cabe a superação da objetificação alienante que os caracteriza no âmbito de uma ordem que encerra uma *vontade transcendente*, cujos valores e práticas, condutas e comportamentos, necessidades e objetivos, não guardam raízes senão nas fronteiras de uma concepção antropológica baseada no sistema de produção e de propriedade da organização vigente e nas suas relações inter-humanas fundamentais, o que implica no exercício da coação instaurada pelo Estado por intermédio da sua violência, simbólica e real, que traz o endosso da estrutura jurídico-política e impõe à "sociedade civil" a universalidade pressuposta no processo em questão, que converge, em

---

de valores, necessidades e fins que converge, nas fronteiras da instituição, para a constituição do *instituído*, o *instituído* configura a condensação do conteúdo que emerge do *instituinte*, o que implica que, nesta relação, "o *instituinte* aparece como um processo, enquanto o *instituído* aparece como resultado." (Lapassade, 1989, p. 30, grifos meus)

suma, na esfera da vida efetiva, para a realização de uma história que, emergindo sob a acepção que a atrela essencialmente à luta, ao conflito, assinala a supremacia de uns em detrimento de outros, segundo o paradigma preestabelecido.

Nessa perspectiva, a Vontade Geral emerge como a possibilidade de que os homens participem do *todo concreto*, não através da elevação dos indivíduos à consciência do *universal* senão pela experiência que implica a sua construção em um processo que converge para a *universalidade de fato*[114], sobrepondo-se à forma abstrata que se impõe em função de um direito que se circunscreve ao

---

[114] Nesta perspectiva, cabe salientar a concepção que encerra "como máximo factor de história não os factos econômicos, materiais, mas o homem, mas a sociedade dos homens, dos homens que se apoiam mutuamente, se entendem mutuamente, desenvolvem através destes contactos (civilização) uma vontade social, colectiva, compreendem os factos econômicos, julgam-nos e adequam-nos à sua vontade, até que esta se torne a força motriz da economia, e plasmadora da realidade objectiva, que vive e se move e adquire caráter de matéria telúrica em ebulição, que pode ser canalizada onde e como convenha a vontade." (Gramsci, 1976, p. 162)

âmbito que envolve um "dever ser" e cujo poder e soberania se mantêm correlacionados a uma concepção de Estado que confere o caráter de não-político à "sociedade civil" e atribui o caráter de político à instituição governamental, perfazendo um contexto que torna a igualdade uma formalidade que justifica a noção de "consciências de si" justapostas na organização social, contemplando um conceito de "justiça" que funciona tão somente para assegurar uma "liberdade" puramente *negativa*.

> Se quisermos saber no que consiste, precisamente, o maior de todos os bens, qual deva ser a finalidade de todos os sistemas de legislação, verificar-se-á que se resume nestes dois objetivos principais: a *liberdade* e a *igualdade*. A liberdade, porque qualquer dependência particular corresponde a outro tanto de força tomada ao corpo do Estado, e a igualdade, porque a liberdade não pode subsistir sem ela.[115]

Da Vontade Geral como superação do caráter nominal da igualdade de princípio e da vontade arbitrária

---

[115] Rousseau, 1999, p. 127, grifos do autor.

que estabelece a ruptura entre Estado político e Estado não-político, convergindo para a instauração da violência simbólica e real através do exercício da "coação incondicionada" atrelada à referida condição que, não deixando de considerar que os homens têm os mesmos direitos, encerra tal "verdade" no âmbito da formalidade, à medida que guarda uma lógica que transforma em povo uma *soma de indivíduos* e circunscreve à "vontade de todos" o seu poder, relegando às fronteiras de objetos da história os sujeitos aos quais competem a realização da humanidade concreta.

Fenômeno complexo e profundamente intrincado que emerge dos imperativos histórico-culturais e econômico-sociais através de um processo ético-lógico que converge para a objetivação de valores, necessidades e fins do corpo coletivo e moral ora designado como povo, a Vontade Geral caracteriza-se pela atualização das forças sociais e das suas determinações nas fronteiras que encerram o direito e perfazendo a condição indispensável

154

para o exercício da *soberania de fato*, qual seja, a soberania como uma forma de poder sócio-político-jurídico que se impõe por intermédio de uma "força institucionalizada" que carrega a possibilidade de traduzir o conteúdo da vida econômico-social em legislação.

Atualização, renovação, transformação e reordenação do sistema político-jurídico, eis o que compete à Vontade Geral como processo lógico-político de deliberação coletiva e movimento ético-jurídico de objetivação dos valores, necessidades e fins do corpo coletivo e moral, que emerge sob a acepção de um *momento* do poder de uma forma institucional determinada pelas circunstâncias histórico-culturais e econômico-sociais que, em face do caráter provisório da estabilidade e a sua correlação envolvendo a dinâmica da vida, demanda a superação que se lhe restitui o conteúdo em questão, sobrepondo-se à condição que tende a se lhe atribuir a noção que subtrai à instituição as raízes do substrato material, tornando-a uma *entidade substancial*, não somente irredutível mas incompatível com os indivíduos concretos que a perfazem como tal, haja vista que relega a sua realidade às fronteiras da metafísica, se lhes outorgando uma "natureza" e uma "essência".

Escapando ao caráter de uma síntese ético-jurídica imóvel que se impõe através de uma construção que tende a expressar valores, necessidades e fins que guardam correspondência com a estrutura de dominação da instituição estatal e as relações que determinam as forças produtivas em um conjunto que se mantém sob a égide da *universalidade abstrata* corporificada pelo sistema de deveres e direitos, pela Constituição, a Vontade Geral consiste em um processo ético-lógico que, em face do movimento que a perfaz e implica os momentos que a constituem como tal (a saber, *universalidade,   particularidade   e singularidade* [116]), encerra a possibilidade de traduzir o

---

[116] Recorrendo à perspectiva de Lourau (1996), cabe esclarecer que, em última instância, se o conceito de *instituição*, em seu momento da *universalidade*, guarda correspondência com o conteúdo da ideologia, dos sistemas de normas, dos *patterns* (padrões), dos valores que guiam a socialização, em seu momento da *particularidade* não perfaz senão o

conteúdo essencial da vida concreta dos sujeitos que, sob a tensão do devir histórico, se inter-relacionam na configuração da totalidade sócio-político-jurídica e na realização do destino da coletividade, perfazendo forças sociais em ação cuja manifestação resulta na objetivação de valores, necessidades e fins do corpo social e acena com a "soma das diferenças", contemplando o interesse[117] que, atrelado ao bem comum e à sua natureza, não se lhe pode senão guardar imanência.

---

conjunto das determinações materiais e sociais que converge para negar a *universalidade imaginária* do primeiro momento, emergindo o referido conceito, em seu momento de *singularidade*, sob a égide das formas organizacionais, jurídicas ou anômicas, que se impõem como necessárias para atingir um determinado objetivo ou finalidade.

[117] Sobrepondo-se à concepção que envolve um "composto de vontades particulares" ou um compromisso que as abrange, a Vontade Geral consiste na vontade de todo aquele que guarda, pois, a condição de membro do soberano, o que implica a suposição de que "os cidadãos tenham uma vontade comum, o que seria evidentemente impossível se eles estivessem divididos em tudo, se não houvesse também um *interesse comum*, base psicológica da associação e que, desse ponto de vista, constitui o laço entre os associados." (Derathé, 2009, p. 343, grifos do autor)

Resultado da superação do antagonismo envolvendo as vontades particulares e os seus interesses, o bem comum converge para um conceito que, encerrando o fim para cujas fronteiras tende a organização social, implica uma noção universal de justiça que, longe de se reduzir ao caráter abstrato de uma construção existente *a priori* que transcende, pois, as condições histórico-culturais e econômico-sociais, consiste em uma relação que guarda correspondência com a concreticidade da vida dos homens enquanto subjetividades empíricas e individualidades reais através dos momentos que abrangem a *universalidade*, a *particularidade* e a *singularidade* e perfazem a *universalidade de fato*, configurando a realidade sócio-político-jurídica da totalidade que se impõe à forma institucional do Estado.

Condição para o exercício da soberania popular, a Vontade Geral sobrepõe-se ao caráter que a circunscreve a uma qualidade abstrata do poder, cuja emergência se impõe para possibilitar a constituição de um Estado em uma organização econômico-social que através de um movimento histórico-social converge para as fronteiras que a encerram identitariamente como Nação, se lhe conferindo, a partir disso, os atributos que se lhe distinguem como *pessoa jurídica*, consolidando a sua existência como tal, que demanda uma base técnico-jurídica que não se expressa senão substancialmente na estrutura de um ordenamento jurídico objetivo e na forma que manifesta a mais alta positividade alcançada pelo conteúdo do sistema político-jurídico.

Nesta perspectiva, a Vontade Geral consiste em um processo que se sobrepõe à concepção que atrela à soberania um caráter trans-histórico, que transcende os homens enquanto indivíduos em sua concreticidade história-cultural e econômico-social, tornando-se um poder irredutível ao poder dos integrantes do corpo coletivo e moral, à medida que se impõe como condição para o seu exercício, tanto quanto, antes, para a sua construção, que implica um movimento incessante que se desenvolve através dos momentos que abrangem o *instituído*, o *instituinte* e a *institucionalização*, convergindo para as fronteiras que encerram o interesse comum.

> Não basta que o povo reunido tenha uma vez fixado a constituição do Estado sancionando um corpo de leis; não basta, ainda, que tenha estabelecido um Governo perpétuo ou que, de uma vez por todas, tenha promovido a eleição dos magistrados; além das assembleias extraordinárias que os casos imprevistos podem exigir, é preciso que haja outras, fixas e periódicas, que nada possa abolir ou adiar, de tal modo que, no dia previsto, o povo se encontre legitimamente convocado pela lei, sem que para tanto haja necessidade de nenhuma outra convocação formal.[118]

Processo lógico–político de deliberação [119] coletiva que converge para um movimento ético–jurídico de objetivação

---

[118] Rousseau, 1999, p. 181.

[119] Eis os princípios expostos por Gramsci em relação ao momento em questão: "Os componentes da colectividade devem, portanto, pôr-se de acordo, discutir entre eles. Através da discussão, deve resultar uma fusão dos espíritos e das vontades. Os elementos singulares de verdade, que cada um pode oferecer, devem sintetizar-se na complexa *verdade* e ser a expressão integral da *razão*. Para que isto se realize, para que a discussão seja exaustiva e sincera, é necessária a máxima tolerância. Todos devem estar convencidos que aquela é a verdade e que, portanto,

de valores, necessidades e fins do corpo coletivo e moral através dos momentos que, envolvendo o *instituído*, do *instituinte* e da *institucionalização*, perfazem a totalidade sócio-político-jurídica do Estado, à Vontade Geral cabe a manifestação da unidade multíplice da sociedade (*unitas ordinis*) que, encerrando simultaneamente conteúdo e forma, produção e reprodução, estabilidade e instabilidade, tende a se sobrepor ao caráter estático da ordem vigente em função dos motivos econômico-sociais e político-sociais que emergem das relações dos homens enquanto indivíduos concretos entre si e as unidades sociais particulares.

Nessa perspectiva, a Vontade Geral emerge como expressão ético-política da soberania popular e condição *sine qua non* para o seu exercício e a realização do bem comum, à medida que converge para a objetivação de valores, necessidades e fins do corpo coletivo e moral

---

é preciso necessariamente pô-la em prática." (Gramsci, 1976, p. 172, grifos do autor)

através de um processo sócio-político-jurídico que emerge do conteúdo da vida histórico-cultural e econômico-social dos homens como indivíduos em sua concreticidade e das relações que mantêm entre si e envolvendo as unidades sociais particulares no âmbito do sistema produtivo, perfazendo um contexto que encerra a possibilidade de que a legislação corresponda *pari passu* ao movimento das transformações sociais.

À condição atribuída ao Estado como pessoa coletiva e soberana, à qual cabe um poder cujo exercício converge, em última instância, para as fronteiras que encerram a capacidade de criação do Direito em sua forma e materialidade, o que implica a manifestação de uma vontade que, transcendendo a vida histórico-cultural e econômico-social dos homens em sua concreticidade, se lhes mantém sob a égide de uma relação de exterioridade coercitiva, o que se impõe é a intersecção que, entre *poder de fato* e *poder de direito*, a Vontade Geral como um processo lógico-político de deliberação coletiva encarna e que, através do movimento ético-jurídico que encerra a sua instauração, não instrumentaliza senão a soberania popular.

Possibilidade de articulação da totalidade dos homens enquanto indivíduos em sua concreticidade histórico-cultural e econômico-social, a Vontade Geral converge, através dos momentos que implicam a *universalidade*, a *particularidade* e a *singularidade*, para a experiência da construção da *universalidade de fato*, à medida que converte o conteúdo político-social em um *poder de direito* através de um processo ético-lógico que envolve a constituição do Estado como tal, sob a acepção de uma forma institucional capaz de corresponder às necessidades e aos objetivos do corpo coletivo e moral ora designado como povo.

ASPECTOS CONCLUSIVOS[120]

Se escapa ao sentido que envolve uma realidade histórica concreta, o estado de natureza, segundo a leitura hobbesiana, consiste em uma *ficção teórica*[121] que exprime a

---

[120] A referida conclusão é constituída por trechos que integram o conteúdo de dois artigos: o primeiro artigo intitulado A *soberania entre a renúncia dos direitos ilimitados do contrato hobbesiano e a "alienação verdadeira" do pacto rousseauniano*, publicado pela **Revista Filosofia Capital - RFC**, ISSN 1982-6613, v. 11, n. 18, p. 43-61, jan./dez. 2016, Brasília-DF, Brasil, pela **Revista de Ciências Humanas - Educação e Desenvolvimento Humano / UNITAU**, ISSN 2179-1120, v. 9, n. 1, ed. 16, p. 115-130, jun. 2016, Taubaté - SP, Brasil, e em **Akrópolis - Revista de Ciências Humanas da UNIPAR,** ISSN 1982-1093, v. 24, n. 1, p. 71-84, jan./jun. 2016, Umuarama - PR, Brasil; e o segundo artigo intitulado A *lei natural, o direito de propriedade e a coexistência das liberdades: individualismo moderno e liberalismo político no contratualismo de Locke*, publicado pela **Revista Opinião Filosófica**, ISSN 2178-1176, v. 7, n. 1, p. 303-332, jun. 2016, Porto Alegre - RS, Brasil, e em **Filosofando: Revista Eletrônica de Filosofia da UESB**, ISSN 2317-3785, v. 3, n. 2, p. 54-75, jul./dez. 2015, Vitória da Conquista - BA, Brasil.

[121] Sobrepondo-se ao caráter histórico, o estado de natureza, segundo Hobbes, emergindo das fronteiras das paixões, consiste em uma hipótese lógica: "O estado de natureza, de Hobbes, tal como é geralmente reconhecido, é uma hipótese lógica, não histórica. É uma 'Dedução oriunda das Paixões'; relata 'que maneira de vida haveria se não existisse um Poder comum a temer'." (Macpherson, 1979, p. 31)

condição humana pré-social, que configura uma situação que encerra a inexistência de normas ou leis no âmbito da qual o direito natural representa o direito de todos os homens sobre todas as coisas e sobre todos, convergindo para guardar, em cada indivíduo, caráter proporcional à extensão do seu poder, o que implica em um contexto que, em face da ausência de um poder transcendente e constrangedor que determine os seus limites, assinala a transformação do homem no "lobo do homem" e a instauração de um estado de guerra perpétuo que, emergindo em função do orgulho, fonte de rivalidade, torna, inversamente, o medo da morte na paixão que tende a possibilitar, em última instância, a procura de um modo de existência que assegure a paz.

Longe de se circunscrever à definição ou à formação do corpo social, o que cabe ao contrato é a determinação do "indivíduo novo", à medida que a organização do sistema guarda correspondência com uma específica noção de indivíduo, cuja emergência "preexiste" em princípio à sua condição social em um processo que encerra a concretização da sua ligação com a ordem social através da vontade, que consiste, pois, no fundamento da sua existência, tendo em vista que estabelece o fim do estado de natureza e configura uma oposição entre a ordem natural e a ordem humana que converge para a ruptura efetiva diante do passado político, econômico, social, em face da transposição das suas fronteiras e da *abertura* de uma zona indefinida da História que traz a *livre empresa* dos cidadãos-burgueses como base da sua construção.

Se o contratualismo de Hobbes converge para a instituição do Estado ou *República* que, corporificada seja por um homem, seja por uma assembleia, emerge como uma criação humana, a saber, a "pessoa artificial", cuja soberania, ilimitada, resulta da soma que envolve os poderes de todos os indivíduos, a onipotência que se lhe impõe não guarda correspondência senão com a teoria patrimonial do poder político sob a acepção que implica um direito de propriedade do *príncipe*, convergindo para um governo que emerge da convenção que compreende os particulares no ato da sua instituição como um produto deste, tendo em vista que o pacto é instaurado pelos sujeitos e entre eles em função de um terceiro, a *persona civilis*.

Nessa perspectiva, se a união dos homens, sob a condição de isolamento que caracteriza o estado de natureza, a fim de constituírem-se em sociedade, configura o *pactum unionis* ou *societatis*, o *pactum subjectionis*, ou pacto de submissão, por sua vez, consiste na transferência ou na alienação dos poderes da sociedade assim composta em um processo que implica determinadas condições e converge para a instituição de um soberano, perfazendo um dualismo que encerra um antagonismo inevitável entre os direitos do povo e o soberano e cuja superação o contratualismo de Hobbes pretende realizar, à medida que atribui a um único e mesmo ato a possibilidade envolvendo a formação da sociedade política e a fundação do poder soberano[122], configurando um compromisso estabelecido entre os indivíduos que, renunciando reciprocamente aos seus direitos naturais sobre todas as coisas, autorizam todas as ações que a partir de então a *persona civilis* ora criada concretize em nome dos referidos sujeitos, tendo em vista que a delegação de poder que a convenção define e expressa pressupõe uma *função representativa* que torna inquestionáveis e inobjetáveis as decisões da autoridade soberana.

Se, objetivando assegurar a estabilidade que depende da superação do caráter relativo da paz do estado pré-cívico em função da máxima segurança que somente uma condição de perfeita igualdade e liberdade políticas da vida cívica possibilitam, o estabelecimento do Estado e do governo civil implica, segundo Locke, a emergência de um

---

[122] "A função que Hobbes atribui ao pacto de união é a de fazer passar a humanidade do estado de guerra para o estado de paz, instituindo o *poder soberano*. Esse pacto de união, por outro lado, é concebido de modo a caracterizar a soberania que dele deriva mediante três atributos fundamentais: a irrevogabilidade, o caráter absoluto, a indivisibilidade." (Bobbio, 1991, p. 43, grifos meus)

poder instituído consensualmente, não é senão sob a acepção de uma força extrínseca e de um instrumento coativo que se impõem, haja vista a necessidade de garantir o propósito que o direito natural encerra, a saber, a racionalização das relações sociais.

Concebendo entre o estado de natureza e o estado civil um estado social, cuja condição encerra uma sociedade natural caracterizada pela existência de instituições jurídicas de origem pactual e pelo desenvolvimento de relações que as implicam, familiares e econômicas, Locke sublinha que, fundando o *Estado jurídico* e instaurando o poder político, o contrato produz a transição da sociedade de *Direito privado* para a sociedade de *Direito público*, sobrepondo ao *Direito natural* o Direito objetivo universalmente válido (*Direito positivo*) [123] . A instauração do Direito objetivo

---

[123] "Para Kant, tal como para Locke, a sociedade natural que precede o Estado é uma sociedade de Direito natural ou privado. A tendência constante a integrar o Direito no Estado, a considerar o Direito perfeito, isto é, o Direito protegido pela coação, como o momento que discrimina o Estado do não-Estado, se revela por isso na contraposição

universalmente válido (*Direito positivo*) sobrepõe-se ao *Direito natural* mas não o anula, à medida que, segundo Locke, detém-se nos limites que este último estabelece em um sistema que atribui às *leis positivas* ou *civis* a capacidade de regular as ações dos membros da sociedade civil, sustentando a igualdade (moral) que os caracteriza e que possibilita o exercício da liberdade (política) que os distinguem em uma organização social que não converge senão para as fronteiras que encerram as condições adequadas à satisfação dos interesses particulares e à coexistência das liberdades.

Nessa perspectiva, fundando o Estado e o governo civil, o contrato de Locke converge, diante de uma estrutura social que traz em sua constitutividade a família e a propriedade privada, para as fronteiras que não encerram senão uma emancipação de caráter político, tornando-se um instrumento que institucionaliza o poder político e

---

entre o Direito meramente provisório do Estado de natureza e o Direito peremptório do Estado civil." (Bobbio; Matteucci; Pasquino, 1998, p. 350)

estabelece a distinção entre este e o poder social, isto é, o Governo e a sociedade civil[124].

Consistindo na inexistência de restrição e violência, a liberdade que caracteriza os homens, segundo Locke, permanece atrelada à noção de igualdade, se lhe guardando correlação através de uma perspectiva que encerra a condição do estado de natureza sob o horizonte da indiferenciação do poder e da reciprocidade de jurisdição. Se a identidade da espécie e a ausência de exterioridade coercitiva consubstanciam a igualdade, a liberdade consiste na possibilidade de agir em consonância com as regras e as normas que perfazem a lei natural, cujo conteúdo permanece passível de conhecimento em virtude da racionalidade que caracteriza a condição humana e com a qual guarda correspondência.

_____

[124] Convém esclarecer, nesta perspectiva, que "sociedade política e governo só podem separar-se na mente, mas não têm uma existência independente: a sociedade política precisa do governo." (Goldwin, 1993, p. 475)

Ela se define como a liberdade, para cada um, de dispor e ordenar sobre sua própria pessoa, ações, possessões e tudo aquilo que lhe pertence, dentro da permissão das leis às quais está submetida, e, por isso, não estar sujeito à vontade arbitrária de outra pessoa, mas seguir livremente a sua própria vontade.[125]

Se a liberdade que emerge da teoria de Locke (e da leitura de Hobbes) consiste em uma "liberdade negativa", pois implica na capacidade do indivíduo de satisfazer os seus interesses desde que não transponha o termo, representado pela existência do outro, que o limita e traz consigo os mesmos direitos – e assim reciprocamente –, a participação efetiva, real, concreta dos membros da sociedade civil enquanto cidadãos no poder legislativo, característica da liberdade política, converge para assegurar as liberdades individuais, isto é, todas as outras autônomas liberdades que constituem o Estado cuja relação entre os poderes não consiste senão em uma relação funcional, que implica uma hierarquia orgânica que emerge da correlação

---

[125] Locke, 2001, VI, § 57, p. 115.

entre *lei positiva* e *lei natural*.

A distinção entre o público e o privado, a cujas esferas se impõem leis específicas, implica a impossibilidade de que o Estado intervenha na liberdade dos indivíduos em relação à propriedade, ao pensamento (e à palavra) e à iniciativa econômica, à medida que a sua competência, segundo o contrato de Locke, envolve a garantia e a tutela do exercício de tais direitos, do mesmo modo que ao governo civil não cabe senão o poder delegado pelos cidadãos aos seus representantes. Dessa forma, eis o sentido da liberdade civil (política) que caracteriza o sistema filosófico-político de Locke, conforme a interpretação de Della Volpe:

> É o conjunto das liberdades ou direitos da iniciativa econômica individual, da segurança da propriedade privada, dos meios de produção, do *habeas corpus*, de culto, consciência e imprensa, etc. (...). Instrumentos jurídico-políticos da liberdade civil: a separação dos poderes do Estado e o aparelho do poder legislativo como representativo da soberania nacional, etc., o

parlamentarismo do Estado liberal burguês.[126]

Convergindo para ordenar, regular, dirigir as ações dos seus membros, as leis *positivas* ou *civis* são promulgadas pelos homens na sociedade, guardando correspondência com a vida, com a liberdade e com os bens dos indivíduos que preferiram o estado civil à condição natural, defendendo e protegendo aqueles cuja conduta esteja em conformidade com as referidas leis diante daqueles que incorrem em sua violação e que, por esse motivo, tornam-se passíveis de punição através de um poder que encerra a capacidade de se lhes subtrair tudo aquilo que lhes é próprio, a saber, a vida, a liberdade ou os bens.

Detendo primeiramente o seu corpo e as capacidades que se lhe estão atreladas e que possibilitam a produção de um resultado que converge para a sua autoconservação, o que implica, em suma, a condição de proprietário de si

---

[126] Della Volpe, s.d., p. 269.

mesmo[127], o direito à propriedade emerge da relação que cabe ao indivíduo desenvolver diante da natureza através do seu trabalho em função da referida necessidade. Tal relação, atribuindo ao trabalho a condição do que é próprio ao indivíduo (ou seja, a sua propriedade[128]), implica o direito de usá-lo em função da sua autoconservação, se lhe conferindo a possibilidade de alienação diante daqueles cuja capacidade de trabalho e meios e recursos de utilização se tornarem maiores em comparação aos demais e em

---

[127] Eis o "núcleo do individualismo de Locke", que traz como fundamento "a afirmação de que todo homem é naturalmente o único proprietário de sua própria pessoa e de suas próprias capacidades - proprietário absoluto, no sentido de que não deve nada à sociedade por isso - e principalmente proprietário de sua capacidade de trabalho." (Macpherson, 1979, p. 242)

[128] Consistindo, segundo Locke, na "propriedade da pessoa humana enquanto sujeito de direitos naturais ou inatos ou racionais puros, que antecedem à constituição (histórica) do homem em sociedade", o trabalho, esclarece Galvano Della Volpe, guardando a acepção de "propriedade-direito" da pessoa humana, fundamenta filosoficamente a "concepção econômica burguesa da força de trabalho como algo de privado, ocasião, portanto, de relações de indivíduo a indivíduo, e numa palavra objeto de troca, mercadoria (e não apenas a base da propriedade privada da terra trabalhada, segundo Locke)." (Della Volpe, s.d., p. 31-32)

detrimento deles: "O trabalho assim vendido torna-se propriedade do comprador, que então tem direito a se apropriar do produto desse trabalho."[129]

Ilimitada acumulação de propriedade, trabalho assalariado, divisão de classes. Eis as consequências que se impõem ao conceito de propriedade que, consistindo em uma categoria político-epistemológica na teoria de Locke, caracteriza uma determinada formação econômico-social e converge para as fronteiras que encerram a noção que envolve "individualismo possessivo" que, tendo como pressuposto a "sociedade possessiva de mercado", guarda correspondência com a concepção que atribui à "essência humana" a condição de independência em relação às vontades alheias e implica uma liberdade que emerge como exercício de posse[130]. Alcança relevância, nesta perspectiva,

---

[129] Macpherson, 1979, p. 227.

[130] A noção que envolve "individualismo possessivo" emerge da leitura de Crawford Brough Macpherson (1911-1987), professor e sociólogo canadense, que afirma: "A essência humana é ser livre da dependência

o caráter natural da "possessividade" que determina a teoria da constituição da sociedade tanto de Locke como de Hobbes:

> A sociedade torna-se uma porção de indivíduos livres e iguais, relacionados entre si como *proprietários* de suas próprias capacidades e do que adquiriram mediante a prática dessas capacidades. A sociedade consiste de relações de troca entre *proprietários*. A sociedade política torna-se um artifício calculado para a proteção dessa *propriedade* e para a manutenção de um rodeiro relacionamento de trocas.[131]

Nesta perspectiva, a igualdade que o sistema filosófico-político de Locke defende não se sobrepõe às fronteiras da formalidade, guardando caráter abstrato, à medida que se a condição de proprietário cabe a qualquer indivíduo que mesmo destituído de bens (fortunas) possui a sua vida, o seu corpo, o seu trabalho, o que implica a possibilidade de que se torne membro da sociedade civil[132], a

---

das vontades alheias, e a liberdade existe como exercício de posse." (Macpherson, 1979, p. 15)

[131] Macpherson, 1979, p. 257, grifos meus.

[132] "A relação de propriedade, havendo-se tornado para um número

cidadania, contudo, permanece circunscrita àqueles que têm patrimônio (bens, fortunas) e, por esse motivo, precisam assegurar o seu direito à propriedade. Dessa forma, pois, restringindo a cidadania aos detentores de bens (fortunas), Locke confere a estes o poder político, se lhes destinando ao governo em detrimento dos demais indivíduos que, embora guardem a condição de membros da sociedade civil, permanecem relegados à margem do seu exercício em um processo que tende à legitimação das desigualdades.

Propondo como fundamento do poder as instituições políticas, a teoria de Locke se sobrepõe ao arbítrio dos indivíduos e defende o princípio da separação dos poderes legislativo e executivo na constituição da sociedade

---

cada vez maior de pessoas a relação fundamentalmente importante, que lhes determinava a liberdade real e a perspectiva real de realizarem suas plenas potencialidades, era vista na natureza do indivíduo. Achava-se que o indivíduo é livre na medida em que é proprietário de sua pessoa e de suas capacidades." (Macpherson, 1979, p. 257)

política[133], convergindo para as fronteiras que encerram o controle e a limitação do poder executivo diante do poder legislativo e pelo exercício deste que, confiado aos representantes da sociedade civil aos quais foi delegado, permanece sob a égide do bem público. Se o que se impõe como fundamento da legislação é a lei da natureza, o que cabe ao poder legislativo "é um poder que não tem outra finalidade senão a preservação, e por isso nunca tem o direito de destruir, escravizar ou, intencionalmente, empobrecer os súditos."[134]

---

[133] Convém sublinhar, nesta perspectiva, que implica a instituição dos poderes (legislativo, executivo e federativo), assim como a sua separação, que a teoria de Locke converge para as fronteiras que encerram a questão "do funcionamento adequado e do exercício justo desses poderes, não por alguma doutrina de necessária separação, mas pelo conceito de 'trust', que se aplica com sua força máxima ao legislativo, mas também ao executivo e ao federativo" (Laslett, 2003, p. 276). Dessa forma, o princípio de separação dos poderes que emerge da teoria de Locke, convergindo para a limitação do poder político, contrapõe-se à concentração dos poderes e ao caráter ilimitado que esta condição se lhe atribui, perfazendo o poder soberano, de acordo com a perspectiva de Hobbes. (Bobbio, 1998, p. 235)

[134] Locke, 2001, XI, § 135, p. 163-164.

Se a discriminação dos poderes legislativo e executivo na constituição da ordem política consiste em um princípio essencialmente destinado à assegurar as liberdades individuais, a participação do povo no poder legislativo, cujo exercício se circunscreve às fronteiras do direito natural, converge para possibilitar que a sociedade civil assegure a sua própria racionalidade jurídica, segundo o sistema filosófico-político de Locke, que diverge da concepção que afirma que a instituição do poder legislativo e a instauração do órgão ao qual cabe a criação do Direito emergem através do pacto, noção esta que se impõe tanto à perspectiva de Hobbes como à leitura de Rousseau, que atribuem o encargo em questão, respectivamente, ao Soberano e à Vontade Geral.

Nesta perspectiva, se a ordenação do Direito Positivo cabe à autoridade ilimitada e onipotente personificada pelo Estado, segundo Hobbes, que se lhe atribui o poder soberano cujo exercício encerra inevitavelmente como base a exterioridade coercitiva, a teoria de Locke, que traz como fundamento do poder político as instituições, confere preeminência ao poder legislativo na relação funcional que este mantém com o poder executivo, se lhe conferindo uma condição de supremacia em um sistema no qual o Estado não é senão concebido como constituído pelos indivíduos [135]. Demandando a instituição de leis e a fiscalização da sua aplicação, a liberdade (política) converge para as fronteiras que encerram a questão que implica a determinação da *medida*, seja em relação à limitação das possibilidades de escolha dos cidadãos, seja em relação à participação destes no processo de fiscalização.

Estabelecendo a identificação entre a soberania e o poder de legislar em um sistema que implica a concepção

---

[135] Nesta perspectiva, eis a advertência de Locke: "Pois todo o poder que o governo detém, visando apenas o bem da sociedade, não deve seguir o arbitrário ou a sua vontade, mas leis estabelecidas e promulgadas; deste modo, tanto o povo pode conhecer seu dever e fica seguro e protegido dentro dos limites da lei, quanto os governantes, mantidos dentro dos seus devidos limites, não ficarão tentados pelo poder que detêm em suas mãos e não o utilizarão para tais propósitos nem por medidas desconhecidas do povo e contrárias a sua vontade." (Locke, 2001, § 137, p. 166)

da lei, que emerge da deliberação da maioria dos representantes do povo, como expressão da sua vontade, a teoria de Locke transpõe as fronteiras que atribuem ao Estado tal condição, conforme a perspectiva de Hobbes que, demandando a renúncia dos direitos ilimitados dos sujeitos em função da soberania estatal, converge para a instituição do soberano como representante, detentor de todo o poder coletivo e única fonte da lei. Se o direito de legislar, segundo Hobbes, compete ao Estado, à totalidade que implica a sua constituição e cuja condição encerra a onipotência do Soberano que resulta da soma envolvendo os poderes de todos os indivíduos, consiste, de acordo com Locke, na atribuição de uma das instituições do governo civil, a saber, o poder legislativo[136], em um sistema que

---

[136] Sobrepondo-se à noção de soberania de Hobbes e ao princípio da sua autoridade ilimitada e onipotente, que traz como fundamento a máxima de Domício Ulpiano (170-224), famoso jurisconsulto clássico romano, *"princeps legibus solutus est"* ("O Príncipe não é sujeito às leis" ou "O Príncipe está isento da Lei"), convém esclarecer, nesta perspectiva, que Locke não atribui ao poder legislativo a condição de *poder soberano*, convergindo a sua teoria para outorgar uma supremacia

encerra a autonomia da sociedade civil e dos seus membros através de um processo no qual os cidadãos autorizam o exercício de tal poder aos seus representantes. Tendo em vista que não se constitui como um poder que esteja à parte dos demais poderes, ao poder judiciário, segundo Locke, impõe-se o encargo de reger todos os poderes, consistindo no próprio critério de uma sociedade política [137] ,

---

de caráter relativo à autoridade legislativa, tendo em vista as restrições impostas ao seu exercício pela lei natural e pelos direitos naturais. "Em todo caso, enquanto o governo subsistir, o legislativo é o poder supremo, pois aquele que pode legislar para um outro lhe é forçosamente superior; e como esta qualidade de legislatura da sociedade só existe em virtude de seu direito de impor a todas as partes da sociedade e a cada um de seus membros leis que lhes prescrevem regras de conduta e que autorizam sua execução em caso de transgressão, o legislativo é forçosamente supremo, e todos os outros poderes, pertençam eles a uma subdivisão da sociedade ou a qualquer um de seus membros, derivam dele e lhe são subordinados." (Locke, 2001, XIII, § 150, p. 174)

[137] "Aqueles que estão reunidos de modo a formar um único corpo, com um sistema jurídico e judiciário com autoridade para decidir controvérsias entre eles e punir os ofensores, estão em sociedade civil uns com os outros; mas aqueles que não têm em comum nenhum direito de recurso, ou seja, sobre a terra, estão ainda no estado de natureza, onde cada um serve a si mesmo de juiz e de executor, o que é, como mostrei antes, o perfeito estado de natureza." (Locke, 2001, VII, § 87, p. 133)

convergindo para as fronteiras que implicam uma moralização da política, à medida que a exigência de justiça individual perpassa todos os poderes, se lhes interpondo.

> Haverá sempre grande diferença entre subjugar uma multidão e reger uma sociedade. Sejam homens isolados, quantos possam ser submetidos sucessivamente a um só, e não verei nisso senão um senhor e escravos, de modo algum considerando-os um povo e seu chefe. Trata-se, caso se queira, de uma agregação, mas não de uma associação; nela não existe nem bem público nem corpo político.[138]

Guardando coincidência no que concerne ao caráter absoluto do poder do soberano, ao qual cabe a condição de juiz da execução do contrato, o pensamento hobbesiano e a teoria rousseauniana convergem para a distinção que implica a finalidade que carrega a proposta de ambos, à medida que se a pretensão do contrato hobbesiano é assegurar a *segurança* dos cidadãos e a *paz civil*, o objetivo do pacto rousseauniano não consiste senão em garantir a *liberdade* que, caracterizando-se como um direito inalienável, não pode permanecer sujeita à renúncia no ato

---

[138] Rousseau, 1999b, p. 67.

de constituição do corpo político, o que confere à sua construção, que envolve a correlação que abrange autoridade e liberdade, uma absoluta originalidade, tendo em vista a necessidade da alienação da liberdade natural em função da instituição da ordem social e da autoridade política que, configurando-se um produto da união de forças e de vontades, detém um poder que, longe de se sobrepor ao corpo social, se lhe guarda raízes, escapando à acepção de um exercício que o relega às fronteiras da exterioridade, visto que traz a Vontade Geral como instrumento para o seu exercício, tornando-se capaz de viabilizar, através do interesse comum que carrega e do bem comum para o qual tende, a proteção e a harmonia em nome dos quais a associação dos indivíduos se estabelece e dos quais depende a sua manutenção como tal.

À possessividade que, implicando desde o instinto de posse até o desejo de acumulação, caracteriza o individualismo que emerge da teoria política hobbesiana (tanto quanto da perspectiva lockeana), o que se impõe é a transposição da condição humana da "sociedade civil" para o estágio pré-social, conforme demonstra a leitura rousseauniana, que concebe a "possessividade" como uma de suas virtualidades, cuja atualização guarda correspondência com o processo de socialização, que encerra a possibilidade de acarretar ou não a sua emergência, convergindo a sua construção, concernente às inter-relações envolvendo indivíduo e sociedade, para um dinamismo histórico e uma potencialidade de transformação que se constituem, em suma,

> uma antecipação no tocante à ontologia do ser social que encerra a proposta de Hegel, tanto quanto, principalmente, de Marx, que defende que o homem enquanto tal, sob a acepção de um ser que raciocina, dispõe de linguagem e age moralmente, se define pelo seu trabalho, pela sua história e pela sua *práxis* social, produzindo-se através dela, afinal.[139]

Contrapondo-se à transposição do psicológico ao político que caracteriza um processo que assinala a

---

[139] Mariano da Rosa, 2015, p. 156.

correspondência entre o cidadão e o homem enquanto indivíduo "natural", cuja condição se impõe ao contratualismo sob a perspectiva de Hobbes (e a leitura de Locke), a construção rousseauniana converge para a particularidade que implica a supressão dos termos contratantes, tornando mutuamente exclusivos o cidadão e o indivíduo na instauração do estado social que, sobrepondo-se à exigência de qualquer tipo de partilha ou compromisso, resulta de um pacto que não encerra senão uma *alienação verdadeira*[140], que envolve, pois, em última instância, uma "troca" que tem por objeto o próprio contratante, tendo em vista a ruptura radical para a qual tende a referida convenção, que supõe a "eliminação", o "desaparecimento" do indivíduo "natural" em face da

---

[140] "Essas cláusulas, quando bem compreendidas, reduzem-se todas a uma só: a alienação total de cada associado, com todos os seus direitos, à comunidade toda, porque, em primeiro lugar, cada um dando-se completamente, a condição é igual para todos, e, sendo a condição igual para todos, ninguém se interessa por torná-la onerosa para os demais." (Rousseau, 1999b, p. 70)

emergência do cidadão, o ser social, atribuindo ao coletivo, a partir de então, precedência no que concerne ao individual.

À mutação absoluta para a qual tende o estado social em relação à condição do indivíduo "natural", segundo a leitura rousseauniana, o que se impõe é a instauração de uma ruptura em face da sua própria natureza, tanto quanto da natureza em geral, que escapa ao caráter acidental e emerge como necessária, convergindo para a sua *refundição* em uma construção que estabelece uma correspondência entre a referida concepção de "contrato" e o conceito marxista de *práxis*, à medida que implica um processo histórico de *transformação* que envolve as correlações que encerram o natural e o humano e abrange o inevolutivo e o evolutivo, trazendo como fundamento o trabalho e demandando a apropriação da natureza e a sua consequente redução à esfera de uma das atividades humanas, conforme supõe o ato de associação que institui a ordem social.

Se a eticidade emerge como o conteúdo do liame que converge para a constituição da associação, a agregação, dispensando-a, se impõe em função de estruturas de contato que se circunscrevem às fronteiras que encerram necessidades e objetivos imediatos, detendo-se em vínculos que não guardam correspondência senão com um utilitarismo que escapa à possibilidade que implica a construção de valores e práticas, condutas e comportamentos que possibilitem a criação de condições objetivas para a emergência do interesse comum e a manifestação da Vontade Geral, tendo em vista que, sobrepondo-se à definição que envolve uma simples reunião de indivíduos em suas particularidades, ao membro do corpo soberano, que traz o referido interesse como elemento de coesão, cabe uma ação, cujo exercício supõe julgamento e decisão, baseada no "caráter específico" que assume como tal no processo de objetivação do qual, dessa forma, participa e para o qual tende enquanto totalidade sócio-político-jurídica   em   seu   movimento   de institucionalização.

Nesta perspectiva, pois, escapando ao sentido que implica uma comunidade de interesses de vontades que se mantêm sob condição de isolamento e que, por essa razão, sintetizando empiricamente determinados impulsos e tendências, demanda um equilíbrio que se lhe cabe cumprir através de um poder cujo exercício encerra inevitavelmente como base a exterioridade coercitiva, o Estado, segundo a leitura rousseauniana, consiste na forma que possibilita o movimento de transição envolvendo a arbitrariedade e a vontade moral, guardando a lei, neste sentido, a acepção de um "princípio constitutivo", à medida que, sobrepondo-se à definição de uma força que estabelece a "união" das vontades individuais (que, desse modo, prescindem do processo de intersubjetivação, conservando-se tão somente justapostas), impõe-se aos cidadãos e aos seus atos para qualificá-los como tais, a saber, como membros do soberano, e para torná-los o que a referida situação exige, tendo em vista que o sistema de direitos e deveres não pode perfazer senão a expressão de valores, necessidades e objetivos do povo enquanto corpo coletivo e moral em virtude de uma lógica que, superando o antagonismo que tende a caracterizar a relação entre liberdade e autoridade, propõe que aos seus integrantes, como cidadãos e súditos concomitantemente, cabe uma obediência que se circunscreva a si próprios no âmbito de uma associação que carrega como finalidade tanto impedir a instauração de uma conjuntura que assinale a submissão de um dos associados à vontade do outro quanto reduzir os efeitos das desigualdades.

REFERÊNCIAS BIBLIOGRÁFICAS

ABBAGNANO, Nicola. **Dicionário de Filosofia**. Tradução da 1. ed. brasileira coordenada e revista por Alfredo Bosi (revisão da tradução e tradução dos novos textos por Ivone Castilho Benedetti). 5. ed. (revista e ampliada). São Paulo: Martins Fontes, 2007;

BOBBIO, Norberto. **Direito e Estado no pensamento de Emanuel Kant**. 3. ed. Brasília: UnB, 1995;

BOBBIO, Norberto. **Locke e o direito natural**. Tradução de Sérgio Bath. 2. ed. Brasília: UnB, 1998;

BOBBIO, Norberto. **Thomas Hobbes**. Tradução de Carlos Nélson Coutinho. Rio de Janeiro: Campus, 1991;

BOBBIO, Norberto; MATTEUCCI, Nicola; PASQUINO, Gianfranco. **Dicionário de Política**. Vol. 1. Tradução de Carmen C. Varriale et al. 11 ed. Brasília: Ed. Universidade de Brasília, 1998;

BOTTOMORE, Tom; OUTHWAITE, William (Org.). **Dicionário do pensamento social do Século XX**. Tradução de Álvaro Cabral e Eduardo Francisco Alves. Rio de Janeiro: Jorge Zahar Ed., 1996;

CASSIRER, Ernst. **A questão Jean-Jacques Rousseau.** Tradução de Erlon José Paschoal e Jézio Gutierre. São Paulo: Ed. UNESP, 1999;

CHÂTELET, François, DUHAMEL, Olivier, PISIER-KOUCHNER, Evelyne. **História das Ideias Políticas.** Tradução de Carlos Nelson Coutinho. 2. ed. Rio de Janeiro: Zahar, 1990;

CHEVALLIER, Jean-Jacques. **As grandes obras políticas:** de Maquiavel a nossos dias. Prefácio de André Siegfried e tradução de Lydia Cristina (revista por André Praça de Souza Telles). 8. ed. (2. impr.). Rio de Janeiro: Agir, 1999;

DELLA VOLPE, Galvano. **Rousseau e Marx:** a liberdade igualitária. 4. ed. Lisboa: Edições 70, s.d.;

DENT, N. J. H. **Dicionário Rousseau.** Tradução de Álvaro Cabral. Rio de Janeiro: Jorge Zahar Ed., 1996;

DERATHÉ, Robert. **Jean-Jacques Rousseau e a ciência política de seu tempo.** Tradução de Natalia Maruyama. São Paulo: Ed. Barcarolla/Discurso Editorial, 2009;

DUNN, John. **Locke.** Tradução de Luiz Paulo Rouanet. São Paulo: Loyola, 2003;

DUVIGNAUD, Jean. **A sociologia:** guia alfabético. Tradução de Ivan Pedro de Martins. Rio de Janeiro: Forense-Universitária, 1974;

FERRAJOLI, Luigi. **A soberania no mundo moderno:** nascimento e crise do Estado nacional. Tradução de Carlos Coccioli e Márcio Lauria. 2 ed. São Paulo: Martins Fontes, 2007;

GOLDWIN, Robert A. John Locke. In: STRAUSS, Leo; CROPSEY, Joseph (org.). *Historia de la filosofía política.* México: Fondo de Cultura Económica, 1993, p. 451-485;

HOBBES, Thomas. **Do cidadão.** Tradução de Renato Janine Ribeiro. 2. ed. São Paulo: Martins Fontes, 1998;

HOBBES, Thomas. **Leviatã:** ou matéria, forma e poder de uma república eclesiástica e civil. Tradução de João Paulo

Monteiro e Maria Beatriz Nizza da Silva. São Paulo: Martins Fontes, 2003;

KANT, Immanuel. **Crítica da razão pura**. Tradução de Manuela Pinto dos Santos e Alexandre Fradique Morujão. 5. ed. Lisboa: Fundação Calouste Gulbenkian, 2001;

LASLETT, Peter. A teoria social e política dos "Dois Tratados sobre o Governo". In: QUIRINO, Célia Galvão; SADEK, Maria Tereza (org.). **O pensamento político clássico**. São Paulo: Martins Fontes, 2003, p. 245-278;

LOCKE, John. **Ensaio sobre o Entendimento Humano**. Tradução de Eduardo Abranches de Soveral. Lisboa: Fundação Calouste Gulbenkian, 1999;

LOCKE, John. **Segundo tratado sobre o governo civil**: ensaio sobre a origem, os limites e os fins verdadeiros do governo civil. Coleção Clássicos do Pensamento Político. Tradução de Magda Lopes e Marisa Lobo da Costa. 3 ed. Petrópolis/RJ: Vozes, 2001;

MACPHERSON, Crawford Brough. **A teoria política do individualismo possessivo:** de Hobbes a Locke. Tradução de Nelson Dantas. Rio de Janeiro: Paz e Terra, 1979;

MANENT, Pierre. **História intelectual do liberalismo.** Tradução de Vera Ribeiro. Rio de Janeiro: Imago, 1990;

MARIANO DA ROSA, Luiz Carlos. Da vontade geral como condição para o exercício da soberania popular em Jean-Jacques Rousseau. **Problemata: Revista Internacional de Filosofia,** *International Journal of Philosophy,* João Pessoa-PB, v. 6, n. 2, p. 151-177, mai./ago. 2015;

MARIANO DA ROSA, Luiz Carlos. Do direito de ser homem: da alienação da desigualdade social à autonomia da sociedade igualitária na teoria política de Jean-Jacques Rousseau. **PRACS: Revista Eletrônica de Humanidades do Curso de Ciências Sociais da UNIFAP,** Macapá-AP, v. 7, n. 2, p. 109-133, jul./dez. 2014;

MORA, José Ferrater. **Dicionário de Filosofia.** Tomo I (A-D). Tradução de Maria Stela Gonçalves et al. 2. ed. São Paulo: Ed. Loyola, 2004;

MORA, José Ferrater. **Dicionário de Filosofia**. Tomo IV (Q-Z). Tradução de Maria Stela Gonçalves *et al*. 2. ed. São Paulo: Loyola, 2004;

ROSA, Luiz Carlos M. Do bem comum da visão platônico-aristotélica à lógica hobbesiana do contrato social (da ordem mecânica da matéria à ordem final da vontade). **Revista Aurora**, UNESP, Marília-SP, Edição Especial (Dossiê), v. 7. p. 81-102, 2013;

ROUSSEAU, Jean-Jacques. **Discurso sobre a origem e os fundamentos da desigualdade entre os homens**. Tradução de Lourdes Santos Machado. Vol. II. São Paulo: Nova Cultural, 1999a;

ROUSSEAU, Jean-Jacques. **Do contrato social**. Tradução de Lourdes Santos Machado. Vol. I. São Paulo: Nova Cultural, 1999b;

STRAUSS, Leo. **Direito natural e história**. Tradução de Miguel Morgado. Lisboa: Edições 70, 2009;

TADIÉ, Alexis. **Locke**. Tradução de José Oscar de Almeida. São Paulo: Estação Liberdade, 2005;

TUCK, Richard. *Hobbes: a very short introduction*. Oxford: Oxford University Press, 2002.

YOLTON, John W. **Dicionário Locke**. Tradução de Álvaro Cabral. Rio de Janeiro: Zahar, 1996.

BIBLIOGRAFIA DO AUTOR

[Ordem cronológica]

Livros

MARIANO DA ROSA, L. C. A transformação do sujeito em si mesmo e a fé em Kierkegaard: Abraão, "Pai da Fé" e "Amigo de Deus", como protótipo de um novo ser e de um novo modo de existência. 1. ed. Beau Bassin, Mauritius: Novas Edições Acadêmicas (OmniScriptum Publishing Group), 2018, v. 1, 105 p.

MARIANO DA ROSA, L. C. Da propriedade como fundamento ético-jurídico e econômico-político em Locke à vontade geral e o sistema autogestionário em Rousseau. 1. ed. São Paulo: Politikón Zôon Publicações, 2018, v. 1. 214 p.

MARIANO DA ROSA, L. C. Os Direitos da Razão e a sua Autoprodução entre o Sistema de Conhecimento de Descartes, o Projeto Crítico de Kant e o Idealismo

Absoluto de Hegel. 1. ed. São Paulo: Politikón Zôon Publicações, 2018, v. 1. 198 p.

MARIANO DA ROSA, L. C. **Hobbes, Locke e Rousseau: Do direito natural burguês e a instituição da soberania estatal à vontade geral e o exercício da soberania popular.** 1. ed. São Paulo: Politikón Zôon Publicações, 2017, v. 1. 188 p.

MARIANO DA ROSA, L. C. **O direito de ser homem: liberdade e igualdade em Rousseau.** 1. ed. Saarbrücken/Alemanha: Novas Edições Acadêmicas [OmniScriptum Publishing Group], 2017, 96 p.

MARIANO DA ROSA, L. C. **Determinismo e liberdade: a condição humana entre os muros da escola.** 1. ed. São Paulo: Politikón Zôon Publicações, 2016. v. 1. 394 p.

MARIANO DA ROSA, L. C. **O direito de ser homem: da alienação da desigualdade social à autonomia da sociedade igualitária na teoria política de Jean—Jacques Rousseau.** 1. ed. São Paulo: Politikón Zôon Publicações, 2015. v. 1. 150 p.

MARIANO DA ROSA, L. C. **Mito e filosofia: do** *homo* *poeticus.* 1. ed. São Paulo: Politikón Zôon Publicações, 2014. v. 1. 293 p.

MARIANO DA ROSA, L. C. **Quase sagrado.** 1. ed. São Paulo: Politikón Zôon Publicações, 2014. v. 1. 123 p.

MARIANO DA ROSA, L. C. **O todo essencial.** 1. ed. Lisboa: Universitária Editora, 2005. v. 1. 167 p.

Artigos

MARIANO DA ROSA, L. C. Kierkegaard e a transformação do sujeito em si mesmo entre a vertigem da liberdade e o paradoxo absoluto da fé. **Revista Filosofia Capital – RFC [Brasília, DF],** v. 13, n. 20, p. 30-46, dez. 2018.

MARIANO DA ROSA, L. C. Kierkegaard e a transformação do sujeito em si mesmo entre a vertigem da liberdade e o paradoxo absoluto da fé. **Saberes: Revista Interdisciplinar de Filosofia e Educação – UFRN [Natal, RN],** v. 19, n. 2, p. 26-47, ago. 2018.

MARIANO DA ROSA, L. C. Kierkegaard e a transformação do sujeito em si mesmo entre a vertigem da liberdade e o paradoxo absoluto da fé. **Correlatio – UMESP [São Paulo, SP]**, v. 17, n. 1, p. 5-31, ago. 2018.

MARIANO DA ROSA, L. C. Kierkegaard e a transformação do sujeito em si mesmo entre a vertigem da liberdade e o paradoxo absoluto da fé. **Cadernos Zygmunt Bauman - UFMA [São Luís, MA]**, v. 8, n. 17, ago. 2018.

MARIANO DA ROSA, L. C. A oração entre as práticas mágico-religiosas do politeísmo e o *relacionamento pactual* do monoteísmo: da superação do *determinismo da história* em Mircea Eliade à *presença do mistério do ser* em Paul Tillich. **Revista Teológica Doxia – FABRA [PUC-RJ]**, v. 3, n. 3, p. 46-75, jun. 2018.

MARIANO DA ROSA, L. C. Abraão como protótipo de uma nova existência em Mircea Eliade e a fé como movimento envolvendo o finito e o infinito em Kierkegaard. **Revista Diversidade Religiosa – UFPB [João Pessoa, PB]**, v. 8, n. 1, p. 140-166, jun. 2018.

MARIANO DA ROSA, L. C. Abraão, "Pai da Fé" e "Amigo de Deus", como protótipo de um *novo modo de existência* em Mircea Eliade e a fé como *relação absoluta com o absoluto* em Kierkegaard. **Revista Litterarius – Faculdade Palotina [Santa Maria, RS]**, v. 17, n. 1, p. 1-25, jun. 2018.

MARIANO DA ROSA, L. C. O sistema escolar entre o espaço social e o *habitus* segundo o estruturalismo construtivista de Bourdieu. **Revista Interfaces da Educação - UEMS [Paranaíba-MS]**, v. 9, n. 25, p. 273-303, jun. 2018.

DA ROSA, L. C. M. Kierkegaard e a transformação do sujeito em si mesmo entre a vertigem da liberdade e o paradoxo absoluto da fé. **Revista Eletrônica Espaço Teológico / REVELETEO [PUC-SP]** v. 12, n. 21, p. 68-86, jan./jun. 2018.

MARIANO DA ROSA, L. C. A vontade geral e o sistema autogestionário: necessidade, possibilidade e desafios. **Revista Ensaios – UFF [Niterói, RJ]**, v. 11, n. 2, p. 114-139, jul./dez. 2017.

ROSA, L. C. M. O sistema escolar entre o espaço social e o *habitus* segundo o estruturalismo construtivista de Bourdieu. **Revista Eletrônica de Educação da Faculdade Araguaia – RENEFARA [Goiânia, GO]**, v. 11, n. 1, p. 155–182, jun. 2017.

ROSA, L. C. M. O processo formativo–educacional entre a integração durkheimiana e a alienação marxiana. **Cadernos Zygmunt Bauman / UFMA [São Luís, MA]**, v. 6, n. 12, p. 51–85, 2016 [O *legado de Bauman*].

MARIANO DA ROSA, L. C. A vontade geral como processo ético–jurídico de deliberação coletiva e movimento econômico–político de institucionalização do poder. **Revista Direito em Debate – Revista do Departamento de Ciências Jurídicas e Sociais da UNIJUI [Ijuí, RS]**, Ano XXV, n. 46, p. 94–120, jul./dez. 2016.

MARIANO DA ROSA, L. C. A soberania entre a renúncia dos direitos ilimitados do contrato hobbesiano e a "*alienação* verdadeira" do pacto rousseauniano. **Revista Filosofia Capital – RFC [Brasília, DF]**, v. 11, n. 18, p. 43–

61, jan./dez. 2016 [*Discussões filosóficas acerca dos fenômenos da existência humana*].

MARIANO DA ROSA, L. C. O sistema educacional e a racionalização burocrática entre a tipologia das ações humanas e a teoria da dominação de Weber. **Saberes, Revista Interdisciplinar de Filosofia e Educação / UFRN [Natal, RN]**, v. 1, n. 14, p. 81–107, out. 2016.

MARIANO DA ROSA, L. C. A propriedade como fundamento ético–jurídico e econômico–político em Locke. **Revista Húmus / UFMA [São Luís, MA]**, v. 6, n. 17, p. 80–102, ago. 2016 [*Política, amizade e liberdade na modernidade*].

MARIANO DA ROSA, L. C. A soberania entre a renúncia dos direitos ilimitados do contrato hobbesiano e a "alienação verdadeira" do pacto rousseauniano. **Revista de Ciências Humanas — Educação e Desenvolvimento Humano / UNITAU [Taubaté, SP]**, v. 9, n. 1, ed. 16, p. 115 – 130, jun. 2016 [*Políticas Educacionais*].

ROSA, L. C. M. A lei natural, o direito de propriedade e a coexistência das liberdades: individualismo moderno e liberalismo político no contratualismo de Locke. **Revista Opinião Filosófica [Porto Alegre, RS]**, v. 7, n. 1, p. 303–332, jun. 2016 [*"Dead Dogs Never Die: Hegel and Marx"*].

ROSA, L. C. M. da. A soberania entre a renúncia dos direitos ilimitados do contrato hobbesiano e a "alienação verdadeira" do pacto rousseauniano. **Akrópolis – Revista de Ciências Humanas da UNIPAR [Umuarama, PR]**, v. 24, n. 1, p. 71–84, jan./jun. 2016.

MARIANO DA ROSA, L. C. A lei natural, o direito de propriedade e a coexistência das liberdades: individualismo moderno e liberalismo político no contratualismo de Locke. **Filosofando: Revista Eletrônica de Filosofia da UESB [Vitória da Conquista, BA]**, v. 3, n. 2, p. 54–75, jul./dez. 2015.

ROSA, L. C. M. da. Do projeto crítico kantiano: os direitos da razão entre a *lógica da verdade* e a *lógica da aparência*.

Revista Cadernos do PET Filosofia / UFPI [Teresina, PI], v. 6, n. 12, p. 76–91, jul./dez. 2015.

ROSA, L. C. M. da. Determinismo e liberdade no processo de construção do conhecimento: da condição humana entre os muros da escola. **Revista da Faculdade de Educação da UNEMAT** [Cáceres, MT], v. 23, n. 1, ano 13, p. 75–97, jan./jun. 2015.

MARIANO DA ROSA, L.C. Do sistema educacional e o desafio da fundação de um novo homem entre a organização científico–técnica e a formação econômico–social. **Cadernos Zygmunt Bauman** / UFMA [São Luís, MA], v. 5, n. 10, p. 19–41, 2015 [O *ciberpajé e a tecnociência*].

MARIANO DA ROSA, L. C. Da vontade geral como condição para o exercício da soberania popular em Jean–Jacques Rousseau. **Problemata: Revista Internacional de Filosofia** [International Journal of Philosophy] / UFPB [João Pessoa, PB], v. 6, n. 2, p. 151–177, 2015.

MARIANO DA ROSA, L. C. Do sistema de conhecimento de Descartes: o "eu" como "coisa em si" e a "consciência da consciência". **Revista Filosofia Capital - RFC [Brasília, DF]**, v. 10, n. 17, p. 39–58, jan./dez. 2015 [*Ética e Noética da Transcendência: fenômenos da consciência, da vida, da morte e do espírito!*].

ROSA, L. C. M. Da vontade geral como condição para o exercício da soberania popular em Jean–Jacques Rousseau. **Revista Latitude da UNIFAL [Maceió, AL]**, v. 9, n. 1, p. 99–130, 2015.

MARIANO DA ROSA, L. C. Do sistema de conhecimento de Descartes: o "eu" como "coisa em si" e a "consciência da consciência". **Revista Húmus / UFMA [São Luís, MA]**, v. 5, p. 2–31, 2015.

ROSA, L. C. M. Do projeto crítico kantiano: os direitos da razão entre a *lógica da verdade* e a *lógica da aparência*. **Studia Kantiana [Natal, RN]**, n. 17, p. 5–26, dez. 2014.

MARIANO DA ROSA, L. C. Do direito de ser homem: da alienação da desigualdade social à autonomia da sociedade igualitária na teoria política de Jean–Jacques Rousseau. **PRACS: Revista Eletrônica de Humanidades do Curso de**

Ciências Sociais da UNIFAP [Macapá, AP], v. 7, n. 2, p. 109–133, jul./dez. 2014 [*Temas e Debates das Humanidades Contemporâneas*].

MARIANO DA ROSA, L. C. Do projeto crítico kantiano: os direitos da razão entre a *lógica da verdade* e a *lógica da aparência*. **Revista Opinião Filosófica [Porto Alegre, RS]**, v. 5, n. 2, p. 85–109, 2014 [*Filosofia & Interdisciplinaridade*].

MARIANO DA ROSA, L. C. Da vontade geral como condição para o exercício da soberania popular em Jean–Jacques Rousseau. **Revista de Ciências Humanas – Educação e Desenvolvimento Humano / UNITAU [Taubaté, SP]**, v. 7, n. 2, p. 205–232, jul./dez. 2014 [*Multiplicidade, Contextos e Interdisciplinaridade*].

MARIANO DA ROSA, L. C. Schopenhauer e Nietzsche: do dualismo metafísico ao princípio da unidade–múltipla. **Revista Húmus / UFMA [São Luís, MA]**, v. 4, n. 12, p. 59–76, 2014 [*Pluralidade e Diferença*].

MARIANO DA ROSA, L. C. Mito e filosofia: do *homo poeticus*. **Saberes: Revista Interdisciplinar de Filosofia e**

Educação / UFRN [Natal, RN], v. 1, n. 10, p. 36–65, nov. 2014.

MARIANO DA ROSA, L. C. Schopenhauer e Nietzsche: do dualismo metafísico ao princípio da unidade–múltipla. **Revista Filosofia Capital — RFC [Brasília, DF]**, vol. 9, p. 85–98, 2014 [*Edição Especial: Concepções acerca da Verdade: Subjetividade, Educação e Multidimensionalidade*].

MARIANO DA ROSA, L. C. Do bem comum da visão platônico–aristotélica à lógica hobbesiana do contrato social (da ordem mecânica da matéria à ordem final da vontade). **Revista Filosofia Capital — RFC [Brasília, DF]**, vol. 9, n. 16, p. 58–75, jan./dez. 2014 [*A Razão Refletida: Modernidade na Ciência, na Ação, no Direito Natural e seus reflexos na Cultura Contemporânea*].

MARIANO DA ROSA, L. C. Da autoprodução da razão (do absoluto), a chave do devir e a condição humana. **Cognitio–Estudos: Revista Eletrônica de Filosofia — *Philosophy Eletronic Journal* / Centro de Estudos de**

Pragmatismo / PUC—SP [São Paulo, SP], v. 11, n. 1, p. 68—85, 2014.

MARIANO DA ROSA, L. C. O direito de ser homem: da alienação da desigualdade social à autonomia da sociedade igualitária na teoria política de Jean—Jacques Rousseau segundo a perspectiva do materialismo histórico e dialético. **Revista Portuguesa de Ciência Política** — *Portuguese Journal of Political Science* / Observatório Político — Associação de Investigação em Estudos Políticos [Lisboa, Portugal], n. 3, p. 11—24, 2013 [*I. Do Humanismo*].

MARIANO DA ROSA, L. C. Da educação inclusiva: das diferenças como possibilidades (da teoria à prática). **Revista Zero—a—Seis** / UFSC [Florianópolis, SC], v. 15, n. 28, p. 12—33, jul./dez. 2013.

ROSA, L. C. M. Maquiavel e Weber: a lógica do poder e a ética da ação — o "príncipe—centauro" e o "homem autêntico". **Revista de Ciências Humanas** / UNITAU [Taubaté, SP], v. 6, n. 1, p. 120—143, 2013.

MARIANO DA ROSA, L. C. Da autoprodução da razão (do absoluto), a chave do devir e a condição humana. **Revista Tecer / Centro Universitário Metodista Izabela Hendrix [Belo Horizonte, MG]**, v. 6, n. 10, p. 31–50, mai. 2013.

DA ROSA, L. C. M. Do bem comum da visão platônico–aristotélica à lógica hobbesiana do contrato social (da ordem mecânica da matéria à ordem final da vontade). **Revista Opinião Filosófica [Porto Alegre, RS]**, v. 4, n. 1, p. 267–298, 2013 [*Normativismo e Naturalismo*].

MARIANO DA ROSA, L. C. Maquiavel e Weber: a lógica do poder e a ética da ação – O "príncipe–centauro" e o "homem autêntico". **Opsis – Revista da Unidade Acadêmica Especial História e Ciências Sociais / UFG / Regional Catalão [Catalão, GO]**, v. 13, n. 1, p. 180–199, 2013 [*Dossiê Linguagens, Tecnologias da Informação e Ensino de História*].

ROSA, L. C. M. Educação inclusiva: diferenças como possibilidades (da teoria à prática). **Poiésis – Revista do**

Programa de Pós—Graduação em Educação / UNISUL [Tubarão, SC], v. 7, n. 12, p. 324–346, 2013.

ROSA, L. C. M. Do bem comum da visão platônico—aristotélica à lógica hobbesiana do contrato social (da ordem mecânica da matéria à ordem final da vontade). **Revista Aurora / UNESP [Marília, SP)**, v. 7, p. 81–102, 2013 [*Edição Especial / Dossiê: Filosofia*].

MARIANO DA ROSA, L. C. Literatura e religião: entre o tudo—dizer e o nada—dizer [do poder—ser]. **Revista Tecer / Centro Universitário Metodista Izabela Hendrix [Belo Horizonte, MG]**, v. 5, n. 8, p. 48–60, 2012.

MARIANO DA ROSA, L. C. Literatura e religião: entre o tudo—dizer e o nada—dizer (do poder—ser). **Revista Ciências da Religião - História e Sociedade / Programa de Pós—Graduação em Ciências da Religião do Centro de Educação, Filosofia e Teologia (CEFT) da Universidade Presbiteriana Mackenzie [São Paulo, SP]**, v. 10, n. 1, p. 163–184, 2012.

MARIANO DA ROSA, L. C. Da educação inclusiva: das diferenças como possibilidades (da teoria à prática). **Revista Lentes Pedagógicas / Faculdade Católica de Uberlândia [Uberlândia, MG]**, v. 2, n. 1, p. 2–20, 2012 [*Dossiê infância, fundamentos e práticas pedagógicas: inclusão e superação*].

MARIANO DA ROSA, L. C. Da educação inclusiva: das diferenças como possibilidades (da teoria à prática). **Revista Lugares de Educação / UFPB [Bananeiras, PB]**, v. 2, n. 3, p. 78–97, 2012 [*Multitemático*].

ROSA, L. C. M. Maquiavel e Weber: a lógica do poder e a ética da ação – o "príncipe–centauro" e o "homem autêntico". **Revista da Católica: Ensino – Pesquisa – Extensão / Faculdade Católica de Uberlândia [Uberlândia, MG]**, v. 4, n. 8, p. 3–23, 2012 [*Filosofia*].

ROSA, L. C. M. Da autoprodução da razão (do absoluto), a chave do devir e a condição humana. **Revista Semina: Ciências Sociais e Humanas / UEL [Londrina, PR]**, v. 33, n. 2, p. 147–162, 2012.

MARIANO DA ROSA, L. C. Os ídolos da caverna e a sociedade contemporânea: do narcisismo biopsicocultural. **Revista Filosofia Capital — RFC [Brasília—DF]**, v. 6, n. 13, p. 77—85, 2011 [*Miscelânea Filosófica em um Contexto Existencial*].

MARIANO DA ROSA, L. C. Da "revolução copernicana" (do verdadeiro "idealismo transcendental"). **Revista Intuitio / Programa de Pós—Graduação em Filosofia da PUC—RS [Porto Alegre, RS]**, v. 4, n. 1, p. 117—133, 2011.

MARIANO DA ROSA, L. C. Da "revolução copernicana" (do verdadeiro "idealismo transcendental"). **Revista Opinião Filosófica [Porto Alegre, RS]**, v. 2, n. 2, p. 34—51, 2011 [*Kant: Política e Epistemologia*].

MARIANO DA ROSA, L. C. A vela e o caminho (da construção coletiva do saber). **Revista Teias / Programa de Pós—Graduação em Educação - ProPEd / UERJ [Rio de Janeiro, RJ]**, v. 12, n. 25, p. 238—258, mai./ago. 2011 [*Ética, Saberes & Escola*].

MARIANO DA ROSA, L. C. Popper e a objetividade do conhecimento científico: a ciência provisória e a verdade temporária. **Cognitio—Estudos: Revista Eletrônica de Filosofia — Philosophy Eletronic Journal / Centro de Estudos de Pragmatismo / PUC–SP [São Paulo, SP]**, v. 8, n. 1, p. 17–28, jan./jun. 2011.

MARIANO DA ROSA, L. C. Do mistério do ser — entre o pensador e o poeta [do *da–sein*]. **Poros – Revista de Filosofia / Faculdade Católica de Uberlândia [Uberlândia, MG]**, v. 3, n. 5, p. 1–21, 2011.

ROSA, L. C. M. Do mistério do ser — entre o pensador e o poeta [do *da–sein*]. **Revista Filosófica São Boaventura / Fae – Centro Universitário / Instituto de Filosofia São Boaventura [Curitiba, PR]** v. 4, n. 2, p. 77–100, jul./dez. 2011.

MARIANO DA ROSA, L. C. Da educação: do jogo sociocultural e a inter–relação envolvendo *modus vivendi* e *modus essendi*. **Acta Scientiarum. Education / UEM**

[Maringá, PR], v. 33, n. 2, p. 211–218, July–Dec./2011 [História da Educação].

MARIANO DA ROSA, L. C. Da educação: do jogo sociocultural e a inter–relação envolvendo *modus vivendi* e *modus essendi*. **Múltiplas Leituras / Faculdade de Humanidades e Direito — UMESP [São Paulo, SP]**, v. 4, n. 2, p. 9–23, 2011 [*Dossiê: Violência e Educação*].

ROSA, L. C. M. A teoria analítica da ciência e a dialética aristotélica. **Revista Seara Filosófica / UFPel [Pelotas, RS]**, v. 4, p. 91–119, 2011.

MARIANO DA ROSA, L. C. Do "vir–a–ser" nietzschiano [Do "instinto natural filosófico"]. **Revista Partes [São Paulo, SP]**, v. 11, p. 1, 2011 [*Cultura*].

DA ROSA, L. C. M. Os ídolos da caverna e a sociedade contemporânea: do narcisismo biopsicocultural. **Cadernos Zygmunt Bauman / UFMA [São Luís, MA]**, v. 1, n. 2, p. 71–80, Jul. 2011 [*Ética, moral e pós–modernidade*].

DA ROSA, L. C. M. Da essencialização da realidade. **Revista Filosofia Capital — RFC [Brasília–DF], v. 4, n. 8,** p. 46–57, 2009 [A Condição Humana em Processo de Mutação].

DA ROSA, L. C. M. Niilismo pós–orgíaco. **Revista Filosofia Capital — RFC [Brasília–DF], v. 4, p. 59–76,** 2009 [Edição Especial: A Vida é Inevitavelmente Agora!].

DA ROSA, L. C. M. Autoformação (do "homem completo"). **Revista Filosofia Capital — RFC [Brasília–DF],** v. 4, n. 9, p. 20–35, 2009 [A Presença da Filosofia no Fazer Humano!].

MARIANO DA ROSA, L. C. Autoformação (do "homem completo"). **Revista Entreideias: educação, cultura e sociedade / FACED - UFBA [Salvador, BA], v. 14, p. 87–** 103, 2008.

WEBSITES & SOCIAL LINKS DO AUTOR

CNPq [Luiz Carlos Mariano da Rosa]:

http://lattes.cnpq.br/0084141477309738

ORCID [Luiz Carlos Mariano Da Rosa]:

http://orcid.org/0000-0001-7649-2804

ResearchGate [Luiz Carlos Mariano Da Rosa]:

http://www.researchgate.net/profile/Mariano_Luiz_Carlos

Semantic Scholar/Profile 1 [Luiz Carlos Mariano da Rosa]:

https://www.semanticscholar.org/author/Luiz-Carlos-Mariano-da-Rosa/145051332?sort=influence&fbclid=IwAR2B2G-5PtDDY-iO4_WxRjgzKonySDta7YZ75M3QILBdarhUXDDIIGuYf9I

Semantic Scholar/Profile 2 [Luiz Carlos Mariano da Rosa]:

https://www.semanticscholar.org/author/Luiz-Carlos-Mariano-da-Rosa/134330005?sort=influence&fbclid=IwAR07268G-nB8AXcSzOWA7Q3I6lOkoOvlsJYZBAJU5F5UxTR3S2SxQO9f-Kc

Publons [Luiz Carlos Mariano da Rosa]:

https://publons.com/researcher/1911395/luiz-carlos-mariano-da-rosa/

PhilPapers [Luiz Carlos Mariano da Rosa]:

https://philpeople.org/profiles/luiz-carlos-mariano-da-rosa

REDIB - Red Iberoamericana de Innovación y Conocimiento Científico [Luiz Carlos Mariano da Rosa]:

https://redib.org/Search/Results?type=Author&lookfor=%22luiz+carlos+mariano+da+rosa%22&limit=20

Acta Académica [Luiz Carlos Mariano Da Rosa]:

https://www.aacademica.org/marianodarosa.luizcarlos

Academia.edu [Mariano Da Rosa (Luiz Carlos)]:

http://ucam-br.academia.edu/MarianoDaRosaLuizCarlos

Google Acadêmico/Google Scholar [Luiz Carlos Mariano da Rosa]:

https://scholar.google.com/citations?hl=pt-PT&user=IwvxyawAAAAJ

WorldCat [Luiz Carlos Mariano da Rosa]:

https://www.worldcat.org/search?q=luiz+carlos+mariano+da+rosa&fq=ap%3A%22mariano+da+rosa+luiz+carlos%22&dblist=638&start=1&qt=page_number_link

Globethics.net [Luiz Carlos Mariano da Rosa]:

https://repository.globethics.net/discover?scope=%2F&query=%22luiz+carlos+mariano+da+rosa%22&submit=&rpp=10&view=list

Google Books [Luiz Carlos Mariano Da Rosa]:

https://www.google.com.br/search?q=inauthor:%22Luiz+C
arlos+Mariano+Da+Rosa%22&hl=pt-
BR&tbm=bks&sxsrf=ALeKk026VWNSO-
SmmG2pwoYFLRt1ohsbAw:1615235446539&ei=dolGYL
O7IOOy5OUPuNqNoAI&start=0&sa=N&ved=0ahUKEw
izzpP4xKHvAhVjGbkGHThtAyQ4ChDy0wMIRw&biw=1
536&bih=775&dpr=1.25

Escritores.org [Luiz Carlos Mariano da Rosa]:

http://www.escritores.org/libros/index.php/item/luiz-
carlos-mariano-da-rosa

**Blog Prof. Mariano Da Rosa Educação, Filosofia e
Teologia [Mariano Da Rosa, Luiz Carlos]:**

https://professormarianodarosa.blogspot.com/

Politikón Zóon Publicações